Birgit Klaus
Tier zuliebe

Birgit Klaus

Tier zuliebe

Vegetarisch leben – eine Kostprobe

Diederichs

Verlagsgruppe Random House FSC-DEU-0100
Das FSC®-zertifizierte Papier *Classic 95* für dieses Buch
liefert Stora Enso, Finnland.

© 2011 Diederichs Verlag, München,
in der Verlagsgruppe Random House GmbH
Umschlaggestaltung: Weiss | Werkstatt | München
unter Verwendung eines Motivs © Diego Diaz / Corbis
Satz: EDV-Fotosatz Huber/Verlagsservice G. Pfeifer, Germering
Druck und Bindung: GGP Media GmbH, Pößneck
Printed in Germany
ISBN 978-3-424-35050-0

www.diederichs-verlag.de

Wer Tiere quält, ist unbeseelt,
und Gottes guter Geist ihm fehlt.
Mag noch so vornehm drein er schauen,
man sollte niemals ihm vertrauen.

(Goethe)

Inhalt

TEIL 3

TEIL 4

Vorwort

Ständig soll ich ein schlechtes Gewissen haben! Mein CO_2-Fußabdruck sei enorm groß, höre ich immer wieder. Nicht nur meiner, sondern der eines jeden in der westlichen Welt. Weil wir zu viel Auto fahren, zu viel Energie verbrauchen, auf zu großer Fläche wohnen, zu oft in den Urlaub fliegen, zu oft duschen, zu heiß duschen, zu viel essen, zu viel Essen wegschmeißen – weil wir sind. Ich wohne auf einem »Berg« und ich brauche mein Auto. Zugegeben: Ich fahre auch grundsätzlich lieber Auto, als öffentliche Verkehrsmittel zu nutzen. Und ich lebe auf einer relativ großen Fläche. Sind deswegen andere besser als ich? Im ökologischen Sinne vermutlich ja. Der eine oder andere jedenfalls …

Zwar glaube ich nicht, dass jemand seine 100-Quadratmeter-Wohnung aufgibt, um in eine 30-Quadratmeter-Wohnung zu ziehen, nur um seine persönliche CO_2-Bilanz zu verbessern, aber vielleicht läuft er häufiger mal in die Stadt als ich. Vielleicht duscht er kürzer? Das schlechte Gewissen ist bestimmt – zumindest manchmal – angebracht. Was könnte ich also tun, um all jenen etwas entgegenzusetzen, die mit dem erhobenen Zeigefinger vor meiner Nase rumfuchteln? Kein Fleisch mehr essen, das wäre doch was. Das tut am wenigsten weh – dachte ich mir im Frühjahr 2010 und spielte mit dem Gedanken, das Fleischessen auf Zeit mal einzustellen. Mein persönlicher CO_2-Fußabdruck würde sich dadurch enorm verringern, denn immerhin verursacht weltweit die industrielle Tierzucht mehr schädliche Treibhausgase als der gesamte Verkehr.

Das waren sie also, meine ersten Überlegungen, einige Wochen bevor ich auf vegetarische Kostprobe ging. Doch je mehr ich mich mit der Materie beschäftigte, desto wichtiger wurde mir eine andere Sache: das Leid, das wir Tieren zumuten für ein bisschen Genuss. Steht das im Verhältnis? Wer gibt dem Menschen das Recht, sich so selbstverständlich anderer Lebewesen zu bedienen? Wir brauchen kein Fleisch zum Überleben – wir sind keine Inuit, die auf Robbenfleisch angewiesen sind, weil sich auf Eis schlecht Getreide anbauen lässt. Wir essen trotzdem Fleisch – viel und billiges Fleisch. Und behelfen uns dazu einer typisch menschlichen Eigenschaft: dem Verdrängen, das auch ich gut beherrschte.

Für meine »Kostprobe« wollte ich den Schalter im Kopf umlegen und sehen, was passiert, wenn ich mit offenen Augen durch die Welt gehe, wenn ich die unbequemen Gedanken an das gequälte Dasein unserer Mitgeschöpfe zulasse, wenn ich mich ernsthaft mit ihnen auseinandersetze. Und ich wollte auf Entdeckungstour gehen. Ich wollte sehen, ob man auch als genussfreudiger Mensch, für den ich mich halte, Alternativen zum Fleisch findet, die den Gaumen und die Sinne befriedigen, denn schließlich schmeckt mir Fleisch.

Im Laufe meines Experiments setzte dann ein nie dagewesener Boom ein: Zeitungen und Zeitschriften entdeckten das Thema Vegetarismus. Die Artikel schossen wie Pilze aus dem Boden. Bücher erschienen, darunter zwei Bestseller, in Talkshows wurde diskutiert. Und je größer das Thema in den Medien gehandelt wurde, desto vielschichtiger wurden die Aspekte, die zutage traten. So wurde mir im Zuge meiner Recherchen klar, dass ich konsequenterweise Veganerin werden müsste. Denn auch konventioneller Käse ist ein Klimakiller[1] und auch für Käse werden Tiere gequält – bei der Herstellung braucht man Lab aus den Mägen von Kälbern. Einblicke in die industrielle Milchproduktion lassen einen auch nicht besser schlafen. Wer ist schon dafür, dass Kühen sofort nach der Niederkunft ihre Kälber weggenommen werden, dass sie ihren Nachwuchs nicht einmal kurz beschnuppern und stillen dürfen …

Doch Veganismus wäre Stoff für ein weiteres Experiment, ein zweiter Schritt – irgendwann vielleicht. Rom ist auch nicht an einem Tag erbaut worden. Und wenn Sie Ihr Haus umweltgerecht sanieren, beginnen Sie vielleicht mal mit den Fenstern oder mit dem Dach ... später dämmen Sie die Mauern. Ich wollte meinen Selbstversuch praxisnah gestalten. Ich wollte sehen, wo die Hürden und Stolpersteine sind in unserer auf Fleischkonsum ausgerichteten Gesellschaft, erleben, wie ich mich verändere und wie mein Umfeld auf mich reagiert. Ich wollte einfach mal aufhören, Fleisch zu essen. Tier zuliebe.

Birgit Klaus
Baden-Baden im April 2011

Prolog: Nie wieder grillen?

»Möchtest du mit uns grillen?«, fragt mich mein 19-jähriger Sohn Nicolas mit funkelndem Tatendrang in den Augen. Er hat ein paar Freunde eingeladen und die Vorbereitungen laufen auf Hochtouren. Ich sitze am Computer auf dem Dachboden und arbeite. Es ist zwar Wochenende, aber ich muss noch ein paar Texte schreiben. Das herrliche Wetter habe ich bisher erfolgreich ignoriert: Die Jalousien sind schon den ganzen Tag halb runtergezogen und die doppelt verglasten Fenster lassen das Gezwitscher der Vögel außen vor. Die würden laut verkünden, dass er endlich da ist, der erste, lang herbeigesehnte laue Sommerabend in diesem Jahr 2010, das bisher nicht viel zu bieten hatte an Sonne und Wärme. Ein Abend wie geschaffen dafür, den Grill im Garten anzuschmeißen. Arbeiten kann ich morgen schließlich auch noch. Da fällt es mir wie Schuppen von den Augen: Grillen? Ich bin doch frischgebackene Vegetarierin! Ich darf ja weder Steak noch Wurst auf den Rost werfen!

Soll das meine Zukunft sein: Ausschluss vom kulinarisch gekrönten Zusammenkommen mit Freunden? Als ich vor vier Wochen aufgehört habe, Fleisch zu essen, habe ich an solche Situationen gar nicht gedacht. Ich hatte mich im Vorfeld nicht wochenlang mit detaillierten Ernährungsplänen beschäftigt, keine Fachliteratur über Vegetarismus gewälzt oder weise Ratschläge von vegetarischen Mitstreitern eingeholt. Nicht einmal entsprechend eingekauft habe ich vor dem Tag X. Ich habe einfach aufgehört. Wie konnte ich das übersehen?, frage ich mich jetzt, da ich mich ausgeschlossen fühle vom kollektiven Genuss. War es womöglich der falsche Zeitpunkt?

TEIL 1

Mitgefühl und Konsequenz

Die Frage hat für die Menschen nicht zu lauten:
Können die Tiere denken? Sondern sie hat zu lauten:
Können die Tiere leiden? Darüber aber gibt es wohl keinen
Streit, und das Wissen um diese Leidensfähigkeit muss
daher die Hauptsache sein bei jeder Betrachtung der
Tierseele durch den Menschen.

(Jeremy Bentham)

Es ist ein kühler Sonntag und ich bin mit meinem Freund im südlichen Schwarzwald unterwegs, in einer Gegend, in der einem kaum eine Menschenseele begegnet. Idyllisch ist es im Hotzenwald. Nach einer dreistündigen Wanderung kommen wir zurück zum Ausgangspunkt, einem Waldparkplatz an einer wenig befahrenen Landstraße. Vielleicht alle zehn Minuten kommt hier mal ein Auto vorbei. Wir packen gerade unsere Jacken und Rucksäcke in den Kofferraum, als wir Zeugen eines Unfalls werden: Ein kleines weißes Kätzchen huscht über die Straße und wird ausgerechnet von dem einzigen Fahrzeug weit und breit erfasst. Der Fahrer des Geländewagens bremst kurz ab, wirft einen Blick in den Rückspiegel und drückt dann gleich wieder aufs Gaspedal. Zurück bleibt die angefahrene Katze, die jämmerlich maunzend mitten auf der Fahrbahn liegt. Eine kleine Blutlache hatte sich unter ihr auf dem Asphalt gebildet. Ratlos und schockiert stehen wir am Straßenrand. »Schau nicht hin«, meint mein Freund, aber das kann ich nicht. »Wir müssen etwas tun!«, rufe ich in meiner Verzweiflung.

Aber was? So grausam es klingt, es wäre ein Akt des Erbarmens, ins Auto zu steigen und das Kätzchen noch einmal zu überfahren. Aber wer soll das tun? Ich auf keinen Fall. Wie verdammt hilflos man in solch einer Situation ist! Die 110 wählen ist wohl auch keine Option – erstens, was soll ich da sagen? »Wir stehen gerade irgendwo im Hotzenwald, wie das nächste Dorf heißt, weiß ich nicht, aber da liegt eine kleine Katze halb überfahren auf der Straße. Ob sie noch lange lebt, wissen wir nicht, aber sie schreit erbärmlich und Sie müssen sofort kommen und helfen.« Zweitens habe ich keinen Empfang.

Ich schaue also weg und wieder hin, weg und wieder hin und hoffe, dass ein schneller Tod das Tier erlöst. Ist es nicht schon halb tot? Doch dann dreht sich die Katze aus eigener Kraft um und kauert auf allen vieren. Sie schaut mich mit großen Augen an und miaut leise. Sie ist also doch nicht halb tot, sie kommuniziert mit mir – oder versucht es jedenfalls. Ich muss auf die Straße gehen und sie wegtragen, denke ich. Wird sie mich beißen und kratzen? Sind verletzte Tiere nicht unberechenbar? Was, wenn ich ihre Verletzungen verschlimmere oder ihr noch mehr wehtue? Während mir diese Fragen durch den Kopf schwirren, kommt noch ein Auto angerast und überrollt das Tier zum zweiten Mal. Es zuckt noch kurz, aber diesmal überlebt das Kätzchen es nicht. Es ist tot, niedergestreckt von zwei Autos, deren Fahrer nicht einmal anhalten, um zu sehen, was sie angerichtet haben.

Das Bild des Kätzchens geht mir tagelang nicht aus dem Kopf. Immer wieder sehe ich vor mir, wie es sich mühsam umdrehte und mich Hilfe suchend, flehend anmiaute. Wie zum zweiten Mal ein Auto drüber donnerte und das Tier leblos liegen blieb. Wie hilflos ich mich gefühlt habe. Doch allmählich drängt sich ein anderer Gedanke zwischen diese Szenen: So wie das Kätzchen leiden andere Tiere Tag für Tag. Rinder, Schweine, Hühner. Nicht weil Autos sie versehentlich überfahren, sondern weil Menschen sie halten, um sie zu töten.

All die Gedanken, ob ich aus meiner Verantwortung für die Umwelt heraus Vegetarierin werden sollte, stehen nun als Motivation nur noch an zweiter Stelle, denn das Projekt »fleisch-los leben« hat ein Gesicht bekommen. Ein Tier, dessen Leiden ich mit ansehen musste, steht stellvertretend für die vielen, die im Verborgenen leiden. Es ist der Moment, an dem ich mir vornehme, fortan mit offenen Augen durch die Welt zu gehen und Argumente für und Informationen über Vegetarismus zu sammeln, mit dem Ziel: aus Einsicht eines Tages ohne Mühe auf Fleisch verzichten zu können. Die Ergebnisse meiner Recherchen überraschen mich nicht wirklich, vieles ist einem ja in irgendeinem Hinterstübchen schon bewusst, aber wenn ich einen unverklärten Blick auf die Fakten werfe, wird mir klar: Ich muss Konsequenzen aus meinem Wissen ziehen.

Im Schlachthof

Gerechter Gott! Aus wie vielen Marterstunden der Tiere
lötet der Mensch eine einzige Festminute
für seine Zunge zusammen!

(Jean Paul)

Sie kreischen in Panik und vor Schmerz. Eigentlich werden Schweine vor der Schlachtung entweder mit Kohlendioxid oder der Elektrozange betäubt, aber beide Methoden können nicht gewährleisten, dass die Tiere auch wirklich das Bewusstsein verlieren. Bei der Betäubung mit CO_2 kommt hinzu, dass die Tiere für 10 bis 20 Sekunden unter Erstickungsängsten leiden, bevor die Wirkung des Gases einsetzt. Als Nächstes landen die Tiere auf einem Förderband, an dem der sogenannte »Stecher« auf sie wartet. Der soll das Tier vor dem anschließenden Verbrühen ausbluten lassen. Jedem Schwein bleiben bei der durchschnittlichen Taktung zwei Sekunden zum Sterben. Der Haken dabei ist, der Stecher trifft bei dem hohen Schlachttempo (in den hochindustrialisierten Schlachthöfen 1500 Schweine pro Stunde) nicht immer die großen Gefäße des Tieres. Diejenigen, die deshalb nicht rechtzeitig ausbluten oder gar von dem Stecher übersehen werden, kommen wieder zu Bewusstsein – wenn sie es überhaupt verloren haben – und werden bei lebendigem Leibe verbrüht.

Das passiert bei einem Prozent der Schweine, durchschnittlich bei 15 Schweinen pro Stunde, schätzt Klaus Tröger. Er ist Tierarzt und Leiter des bundeseigenen Instituts für »Sicherheit und Qualität bei Fleisch« in Kulmbach und beklagt, dass es keinerlei Kontrollsystem gibt, das meldet, wenn die Tötungsstrategie versagt hat, um lebende Tiere vor dem Verbrühen zu schützen. So werden in Deutschland rein rechnerisch jährlich über 500 000 Tiere bei der Schlachtung unnötig gequält. Bei Rindern verläuft die Tötungsmaschinerie übrigens nicht besser. Bei ihnen wird seit Jahrzehnten per Bolzenschuss getötet, der aber zu oft sein Ziel verfehlt, da ein Rinderhirn gerade mal apfelsinengroß ist. Der Todesschuss geht bei bis zu 7 Prozent der Tiere vorbei und rund 200 000 Rinder sterben jährlich eben nicht den sogenannten »Gnadentod«.

Und wie sieht es aus bei den Hühnern? Gezüchtet werden nur noch Hochleistungsrassen: Legehennen oder Masthühner. Bei den Hühnern herrscht die höchste Industrialisierung in der Tierzucht überhaupt. Sie stammen aus den Labors einiger weniger weltweit operierender Zuchtfirmen. Nur zwei große Firmen beherrschen fast den gesamten weltweiten Markt der Hybridtiere – das sind die Legehennen, die zwischen 280 und 310 Eier pro Jahr legen können, und die Masthühner, die zehnmal mehr Brustfleisch bei halb so viel Futter ansetzen als normale Hühner. Die Zeiten, in denen »normale« Hennen die Eier lieferten und die Hähne das Fleisch, sind längst vorbei. Diese »Zweinutzungshuhn« oder »Zwiehuhn« genannten Tiere sind heute unwirtschaftlich.

Für den bundesdeutschen Konsum werden 60 bis 70 Millionen speziell gezüchtete Hochleistungslegehennen benötigt, da wir Deutsche im Jahr durchschnittlich mehr als 200 Eier pro Person verzehren – gerechnet werden hierbei nicht nur die Frühstückseier, sondern auch die vielen Eier, die sich als Zutat in anderen Lebensmitteln verstecken, in Nudeln, Knödelteig, Fertigsuppen und -saucen, in Brotaufstrichen, Majonäse und Salat-Dressings, außerdem in vielen Süßigkeiten, zum Beispiel in Pralinen, Keksen oder Kuchen.

Die Legehennen, die uns diesen enormen Konsum ermöglichen, müssen in einer Legehennenbrüterei zunächst ausgebrütet werden. Da man sich das Geschlecht des Kükens im Ei (noch) nicht aussuchen kann, zeigt sich erst nach dem Schlüpfen, ob das Küken erwünscht ist. Gut die Hälfte der bebrüteten Eier sind »Ausschuss«: alle Männchen nämlich, die deshalb »Eintagsküken« genannt werden. Klingt niedlich. Man denkt dabei vielleicht an Eintagsfliegen, die vor Sonnenuntergang sterben, weil ihre Lebensuhr eben abgelaufen ist. So ist das bei den Küken aber nicht. Nachdem das Küken geschlüpft ist, wirft man einen kurzen Blick auf die Stelle, die Auskunft über das Geschlecht gibt – es wird »gesext«, so der Fachbegriff. Wenn es ein Männchen ist, wird es so achtlos in eine Tonne mit Gas geworfen, als wäre es ein fauler Apfel. Rund 30 Sekunden dauert der jämmerliche Erstickungstod des Kükens. In veralteten Betrieben landet es gar im Häcksler, der den »Ausschuss« zu »Kükenmousse« verarbeitet, wie es im Fachjargon heißt.

Und das klassische Masthuhn? Das Küken kostet mit 33,15 Cent weniger als eine Kiwi. Es wiegt nach dem Schlüpfen 40 Gramm und kommt zunächst in den Stall – aber nicht in den eines klassischen Landwirts, sondern in den eines abhängigen Lohnmästers. Schon drei Tage später muss sich seine Körpermasse verdoppelt haben. Nach einem Monat wiegt es 38-mal mehr als am Tag des Schlüpfens. Der Preis für das Küken hat sich aber nicht verachtunddreißigfacht: Für das ausgewachsene Masthuhn erhält der Mäster gerade mal 90 Cent. Das Leben des Huhns ist kurz: nämlich zwischen 30 und 38 Tage. Im Handel ist es dann als tief gefrorenes Hähnchen zu einem Kilo-Preis von 1,63 bis 2,99 Euro zu haben. Ein Hähnchen aus biologischer Erzeugung würde im Vergleich pro Kilo zwischen 7,95 und 10,30 Euro kosten.

Den einen Monat ihres Lebens vegetieren die Hühner auf engstem Raum zusammengepresst vor sich hin. Bewegung stünde ihnen aber auch bei mehr Raum nicht offen, denn ihre Knochen entwickeln sich viel langsamer als ihr Brustfleisch, das durch die Zucht auf schnelles Wachsen programmiert wurde. Am Ende ihrer 30 Tage werden die Hühner von Sammelmaschinen »geerntet«. Das bedeutet: Eine Maschine mit Gummifingern fährt durch den Stall und befördert die Tiere auf ein Fließband. Von dort werden sie in Kisten gesteckt, die ein LKW zur Geflügelschlachterei bringt. Hier landen sie wieder auf einem Förderband und jetzt fährt das Huhn – langsam, damit es keinen Stress empfindet – seinem Tod entgegen. Wer meint, da stecke womöglich Mitgefühl dahinter, der irrt. Das Huhn soll keinen Stress empfinden, weil sein Fleisch sonst fasrig zu werden droht. Und das möchte man dem Endverbraucher ersparen. Eineinhalb Stunden dauert deshalb diese letzte »Reise« eines Masthuhns. In manch einem Schlachthof treten mehr als 12 000 Tiere in dieser Zeit die Reise an. Am Ende gleiten die Tiere durch eine Röhre, in der sie mit Kohlendioxid betäubt werden, dann werden sie getötet. In älteren Schlachtanlagen läuft es anders ab: Dort werden die lebendigen Tiere mit den Füßen an einer Förderkette aufgehängt und ihr Kopf in ein Wasserbad getaucht, das unter Strom steht. So oder so ähnlich ergeht es Hühnern täglich milliardenfach auf der ganzen Welt. Und es werden nicht weniger: Wurden 1960 noch sechs Milliarden Hühner geschlachtet, sind es heute 45.[2]

Weit abgeschottet von uns erleben Milliarden Tiere also in den Schlachthöfen tagtäglich Panik, Schmerzen und Qualen. Doch das Tier im Schlachtbetrieb wird von uns nicht als Kreatur wahrgenommen. Wir machen uns keine Gedanken darüber, wie die letzten Minuten des Hühnerschlegels oder des Wiener Schnitzels auf unseren Tellern ausgesehen haben mögen – klar, sonst würde uns ja auch der Appetit vergehen. Wir leben besser damit, wenn wir es einfach mit einem »Stück« Fleisch zu tun haben. Das ist grotesk. Denn gerade das, was uns Menschen als Spezies auszeichnet, ist Empathie, die Fähigkeit, mitfühlen zu können.

Ohne Empathie kein Mensch

Mitleid mit Tieren hängt mit der Güte des Charakters so genau zusammen, dass man zuversichtlich behaupten darf: Wer gegen Tiere grausam ist, kann kein guter Mensch sein.

(Arthur Schopenhauer)

Das Mitfühlenkönnen ist ein wertvolles Gut. Es ermöglicht soziales Miteinander und das wiederum das Entstehen von Kultur. Diese Kette ist es, die im Laufe der Evolution den Menschen eben zum Menschen gemacht hat – eine These, die viele Forscher vertreten, zum Beispiel auch der niederländische Zoologe und Anthropologe Carel van Schaik. »Kultur macht schlau«, sagt er. Schaik ist nicht nur Direktor des Anthropologischen Instituts der Universität Zürich, sondern auch international anerkannter Primatenforscher. In einem Orang-Utan-Forschungsprojekt im Regenwald von Tuanan in der indonesischen Provinz Zentralkalimantan auf Borneo versucht er die These zu belegen, dass es neben kulturellen Innovationen nicht zuletzt eben auch die Empathie ist, die zum hohen Entwicklungsstand des Menschen geführt hat. Während Evolutionsbiologen normalerweise den Zeitpunkt der Menschwerdung dort festlegen, wo wir begannen, Werkzeuge zu benutzen, hält van Schaik einen anderen Moment für entscheidend: nämlich als wir anfingen, in Familienverbänden zu leben. Genau da machte unser Gehirn seiner These nach einen gewaltigen Sprung.

Van Schaik will also genau wissen: Weshalb hat sich vor etwa acht bis sechs Millionen Jahren die eine Affenart so weiterentwickelt, dass sie heute Sonden zum Mars oder Menschen auf den Mond fliegen kann, während die andere im Dschungel geblieben ist? Viele Primatenforscher heben immer wieder hervor, dass Mensch und Menschenaffe im Wesentlichen gleich seien – schließlich haben sie zu 98,7 Prozent die gleiche Erbsubstanz. Den kleinen, aber entscheidenden Unterschied macht die Hirngröße: Das Gehirn eines Menschen ist dreimal größer als das der Menschenaffen. Wie kommt es? Wann und vor allem warum fing unser Gehirn zu wachsen an? Eine Frage, die viele Nicht-Vegetarier gerne zum Anlass nehmen, um zu betonen: Nur dank des hochwertigen Eiweißes aus dem Fleisch sei das Gehirn des Menschen größer geworden.

Aber was ist das für ein Argument? Selbst wenn unsere aasfressenden Vorfahren vor zwei Millionen Jahren durch die Gegend streiften, um hier und da das Gehirn oder das Knochenmark eines von Raubtieren zurückgelassenen Kadavers zu essen – was für eine unappetitliche Vorstellung – und sie dadurch in den Genuss langkettiger, mehrfach ungesättigter Fettsäuren kamen, die das Gehirnwachstum begünstigt haben könnten – es gibt genügend Raubtiere, die ständig tierisches Eiweiß zu sich nehmen und trotzdem haben sie ein viel kleineres Hirn als der Mensch. Und warum? Weil sie laut van Schaik eben nicht dieselbe Initialzündung hatten. Als der Homo erectus, der erste Vertreter der Gattung »Homo«, vor ca. zwei Millionen Jahren als Jäger und Sammler durch die Savanne zog, war sein Gehirn zwar schon recht groß, zwischen 700 und 900 Kubikzentimeter, aber das entscheidende Wachstum setzte erst ein, als er anfing, sich gemeinsam mit anderen um seine Jungen zu kümmern. Die gemeinsame Aufzucht, für die Empathie und Abstimmung notwendig waren, ließ laut van Schaik neue Strukturen, Gehirnwindungen und -verbindungen sprießen und das kostbare Organ stetig wachsen. Aber warum hat das Gehirn der Menschenaffen keinen Sprung gemacht? Leben die nicht zum Teil auch in familienartigen Strukturen? Das möchte ich von Carel van Schaik wissen, der soeben erst von einer Südafrika-Expedition zurückgekehrt ist. Ein Anruf am anthropologischen Institut beschert mir eine freundliche Aufklärung, bei der ich als frühere alleinerziehende Mutter im ersten Moment allerdings leicht zusammenzucke:

> Menschenaffenmütter sind alle alleinerziehend, während Menschenmütter, zumindest bei den Jägern und Sammlern, immer von vielen Seiten Hilfe bekommen. Wir haben also andere Familienstrukturen. Die gemeinschaftliche Jungenaufzucht hat eine neue Psychologie hervorgerufen, die im Allgemeinen eine größere Zusammenarbeit ermöglicht und allmählich größere Hirne gefördert hat (und energetisch ermöglicht). Es ist ein allgemeiner Trend unter Tieren, dass größere Intelligenz sich besser durchsetzen kann unter den Bedingungen der gemeinschaftlichen Jungenfürsorge. Das ist jedenfalls der Kern des Argumentes.

Das Gehirn ist mit dem sozialen Lernen also geradezu explodiert und der Homo infolgedessen schlauer geworden. So ist tatsächlich auch der Neocortex, der für das Mitfühlen im Gehirn zuständig ist, der neuere Teil unseres Gehirns. Dass nicht allein der Verzehr von tierischem Eiweiß uns im Laufe der Jahrmillionen zu Menschen gemacht hat und wir deshalb in ewiger Dankbarkeit geradezu verpflichtet sind, auf immer munter weiter Tiere zu töten und zu essen, wie das manch ein ideologischer Fleischesser gerne hätte, ist eindeutig. Heute brauchen wir kein Fleisch mehr, weder um uns weiterzuentwickeln noch zum Überleben. Wir können uns frei entscheiden. Und leider entscheiden wir uns oft dazu, das Leid vieler Tiere einfach zu ignorieren – das klingt angesichts der Wichtigkeit der Empathie in unserer Vorgeschichte wie ein Rückschritt.

Gleichzeitig kann die Empathie im Umgang mit Tieren auch bizarre Formen annehmen. Ich denke an eine mir bekannte ältere Dame, eine Dackelbesitzerin, die ihren Hund derart verwöhnt, dass ich mich richtig abgestoßen fühle. Vom Feinkost-Hundefutter über das schicke Wintermäntelchen bis zum Schlafplätzchen mit Deckchen auf dem Sofa. Nichts ist zu gut oder zu teuer für den Dackel.

Wie geht es zusammen, dass jemand wie die ältere Dame ihren Hund behandelt wie ein geliebtes Kind, aber gerne auch ein »Stück« Fleisch verspeist, ohne zweimal darüber nachzudenken, was es einmal war, ob dieses Tier ein geschundenes Dasein in einem Mastbetrieb führte, bevor es möglicherweise unter Schmerzen geschlachtet wurde, um möglichst günstig auf dem Teller zu landen? Es ist paradox.

Vom Geheimnis der Spiegelneuronen

*Von hundert gebildeten und feinfühlenden Menschen
würden schon heute wahrscheinlich neunzig nie mehr
Fleisch essen, wenn sie selbst das Tier erschlagen oder
erstechen müssten, das sie verzehren.*

(Bertha von Suttner)

Es ist früher Nachmittag und ich sehe mit meiner Freundin M. einen Filmausschnitt, in dem eine Kuh friedlich auf einer saftigen Weide liegt und in die Kamera blinzelt. Das Gesicht der Kuh ist kurz in einer Nahaufnahme zu sehen und sie wirkt äußerst zufrieden mit sich und der Welt. Doch M., die übrigens keine Vegetarierin ist, sieht nur die Kennzeichnungsmarke im Ohr der Kuh und ruft aufgebracht: »Ach nein! Warum muss man denen so einen Knopf ins Ohr machen? Das tut bestimmt weh!«

Ein klarer Fall von aktiven Spiegelneuronen, denke ich. Diese Wunderzellen in unserem Gehirn machen Empathie für uns erst möglich. Sie lassen uns vermutete Schmerzen, in diesem Fall die der Kuh, nachempfinden. Durch die Spiegelneuronen fühlen wir mit, was unser Gegenüber fühlt. Oder im Falle der Kennzeichnungsmarke im Ohr: irgendwann mal gefühlt haben könnte. Entdeckt wurden die Spiegelneuronen erst Mitte der 1990er Jahre – in einem Versuchslabor der Universität Parma. Dort forschte Giacomo Rizzolatti mit seinem Team an Affengehirnen. Er pflanzte den Tieren Elektroden ein, um zu sehen, welche Nervenzellen reagieren, sobald eines der verkabelten Äffchen nach einer Nuss greift. Und da entdeckte er die Sensation: Einzelne Zellen feuerten immer, egal, ob die

Tiere selbst nach der Nuss griffen oder ob sie einen Mitarbeiter dabei einfach nur beobachteten. Die Nervenzellen mit der Doppelfunktion schienen das Gesehene im Gehirn also zu »spiegeln« – daher der Name »Spiegelneuronen«.

Mit diesen Spiegelneuronen kommen wir Menschen zur Welt. Sie lassen uns zusammenzucken und selbst Schmerzen empfinden, wenn wir zum Beispiel beobachten, dass jemand sich mit dem Brotmesser schneidet oder sich den Kopf anstößt. Männer haben übrigens im Durchschnitt etwas weniger davon als Frauen, aber grundsätzlich sind diese Nervenzellen bei uns allen immer aktiv, wenn auch mal mehr, mal weniger. Warum also, frage ich mich, melden sich nun diese tollen Dinger nicht, wenn wir Fleisch beim Metzger kaufen? Wenn sogar die Form des Tieres noch erkennbar ist wie bei einem geköpften Brathähnchen oder einem gehäuteten Hasen? Selbst wenn wir ein komplettes Spanferkel am Spieß über dem Feuer rotieren sehen oder eine tote Gans stopfen, scheinen die Spiegelneuronen – bei den meisten Menschen – zu »schlafen«.

Ich habe zwar noch nie eine Gans gestopft, aber ich kann mich erinnern, dass ich beim Anblick eines Suppenhuhns immerhin dachte, dass der kleine, weiße Körper, der da tot vor mir lag, jämmerlich gedemütigt wirkte. Trotzdem: Hätte mir ein solches Huhn wirklich leidgetan, hätte ich es vermutlich nicht essen können. Stattdessen konnte ich diese Gedanken ganz schnell wegpacken und zuschlagen. Wieso geht das? Warum feuern keine Spiegelneuronen im Gehirn, wenn wir ein »Stück« Fleisch in die Pfanne werfen? Fragen, die Professor Joachim Bauer von der Uniklinik Freiburg mir beantworten kann. Der Wissenschaftler, Arzt und Psychotherapeut ist dem Geheimnis der Spiegelneuronen seit vielen Jahren auf der Spur.

Was machen meine Spiegelneuronen, wenn ein Brathähnchen vor mir liegt? Eigentlich müsste mir dieses doch bei genauer Betrachtung leidtun ...

In diesem Falle ist keine Spiegelreaktion zu erwarten, da Spiegelzellen nur auf Lebewesen reagieren, deren Sprache oder Körpersprache wir verstehen. Die Körpersprache, also der Augenausdruck oder die Gesichtszüge eines Hühnchens, finden im Gehirn eines Menschen keinen Zugang zu den Spiegelzellen. Tiere, die uns sehr nahestehen, d. h. deren Körpersprache wir verstehen, lösen in uns ohne Frage bestimmte Empathiereaktionen aus. Dies ist der Grund, warum es uns widerstrebt, einen Hund oder ein Pferd zu töten, um es zu essen. Bei Fischen oder Hühnern besteht ein deutlich größerer Abstand. Die Gedanken, die wir uns aber über den Sinn oder Unsinn des Tieretötens machen, werden in anderen Hirnrealen produziert, vor allem im Bereich des präfrontalen Cortex. Moralische Überlegungen werden vor allem von dort aus in Gang gesetzt.

Kann man Spiegelneuronen bewusst an- und abstellen?

Man kann sich durchaus aktiv gegen eigene empathische Impulse stellen, so wie das z. B. Himmler in einer berühmt-berüchtigten Rede von seinen SS-Leuten verlangt hat. Aber auch in anderen Kontexten kann es wichtig sein, empathische Gefühle zu verdrängen, z. B. wenn Chirurgen operieren oder wenn wir das blutende Knie eines Kindes verbinden. Es nützt dem Kind wenig, wenn wir vor lauter empathischem Mitleiden einen Nervenzusammenbruch produzieren. Eine kurze Mitfühlreaktion reicht aus und sollte uns dann alsbald veranlassen, etwas Vernünftiges zu tun, was hilfreich ist.

Primaten haben ja offenbar auch Spiegelneuronen. Wie sieht es aus bei anderen Tieren?

Darüber liegen noch keine Ergebnisse vor. Meine Vermutung ist, dass alle Tiere, die sozial abgestimmte Verhaltensweisen zeigen, über bestimmte Formen von Spiegelresonanzen verfügen.

Ist es ein Zeichen von Fortschritt in der Menschwerdung, wenn Spiegelneuronen besonders aktiv sind?

Ja und nein. Ohne Spiegelsystem gäbe es keine Empathie. Doch nicht alles, was spiegelt, ist gut. Wir stehen immer in Gefahr, »zu viel« vom anderen in uns hineinzulassen und dabei unsere Identität zu verlieren. Es kommt also darauf an, eine Balance zu wahren.

Wäre es denkbar, dass wir alle, die wir regelmäßig unsere Spiegelneuronen ignorieren/unterdrücken/ausknipsen etc., wenn wir Fleisch essen, insgeheim einen großen Knacks davontragen?

Ich würde es nicht pathologisieren. Dass wir massenhaft Tiere töten und verwerten, ist jedoch sicher ein Anzeichen dafür, dass wir dabei sind, uns in vielen Bereichen ein Stück der natürlichen Sensibilität für die Kostbarkeit des Lebens abzutrainieren.

Nun frage ich mich und abschließend auch Professor Bauer, ob es vielleicht mit der größeren Anzahl an Spiegelneuronen und folglich der größeren Empathiefähigkeit zusammenhängt, dass mehr Frauen als Männer vegetarisch leben. Das hält er zumindest für möglich. Wobei die ersten Vegetarier, die von sich reden machten, Männer waren – und das schon vor langer, langer Zeit.

Die ersten Vegetarier

Wer mit dem Messer die Kehle eines Rindes durchtrennt und
beim Brüllen der Angst taub bleibt, wer kaltblütig das
schreiende Böcklein abzuschlachten vermag und den Vogel
verspeist, dem er selber das Futter gereicht hat – wie weit
ist ein solcher noch vom Verbrechen entfernt?

… sprach Pythagoras vor rund 2500 Jahren. Der Philosoph ist
so was wie der erste »offizielle« Vegetarier der Antike. Er war
strikt dagegen, Tiere zu töten und sie zu essen. Vor allem war
er überzeugt davon, dass alles, was der Mensch den Tieren an-
tut, irgendwann auf den Menschen zurückkommt. Viele haben
sich damals seiner Lebens- und Ernährungsweise angeschlos-
sen. Menschen, die kein Fleisch aßen, wurden daher jahrhundertelang »Pythagoräer« genannt, der Begriff »Vegetarier«
etablierte sich erst im 19. Jahrhundert von der englischen
Vegetarian Society ausgehend.

Pythagoras steht mit der Vorstellung, dass wir das, was wir
Tieren antun, irgendwann büßen, nicht allein. Interessanter-
weise sind Menschen aller möglichen Religionen und Kulturkreise unabhängig voneinander zu genau derselben Schluss-
folgerung gekommen. Prominent ist die Überzeugung vor
allem im Buddhismus und im Hinduismus, aber auch in der
Anthroposophie. Das Schlüsselwort der fernöstlichen Religionen heißt in diesem Zusammenhang »Karma«. Es bedeutet
wörtlich »Tat« oder »Handlung«, aber auch »Wirkung« oder
»Folge«. Gemeint ist, dass jede unserer Handlungen früher
oder später – in diesem oder in einem mutmaßlichen nächsten
Leben – Folgen hat. Die wesentliche Voraussetzung im Den-

ken sogenannter »karmischer Zusammenhänge« und Bedeutungen ist, dass alle Lebewesen, nicht nur alle Menschen, eine unsterbliche Seele haben. Der Kirchenvater Thomas von Aquin hat das im 13. Jahrhundert vehement bestritten. Er meinte, Tiere hätten keine Seele. Frauen allerdings auch nicht. Kommentar überflüssig.

Dennoch bleibt festzuhalten, dass institutionalisierte Religionen die Frage nach der Seele nicht einheitlich beantworten. Ein Beweis ist hier auch schwer möglich – nicht umsonst heißt das entscheidende Schlüsselwort »Glaube«. Aber es finden sich Bibelstellen, die an die Karma-Theorie erinnern: »Täuscht euch nicht: Gott lässt keinen Spott mit sich treiben; was der Mensch sät, wird er ernten« (Gal 6,7). Buddha lehnte den Fleischverzehr ab, da er andere Lebewesen weder verletzen noch töten wollte – wer das Fleisch anderer Lebewesen zu sich nehme, zerstöre das Mitgefühl für anderes Leben. Mitgefühl ist ein oberstes Prinzip der buddhistischen Lehre. Laut Buddha hat jedes Lebewesen ein Recht auf Sicherheit und Schutz. Jedes Lebewesen.

Motivationshilfe

Ich hege keinen Zweifel darüber, dass es ein Schicksal des Menschengeschlechts ist, im Verlaufe seiner allmählichen Entwicklung das Essen von Tieren hinter sich zu lassen.

(Henry David Thoreau)

Meine Recherche hat Konsequenzen: Der Entschluss, mit dem Fleischessen aufzuhören, zunächst für ein Jahr, steht für mich fest. Ich bin von der Richtigkeit dieser Entscheidung überzeugt – aber ich ahne auch, dass ich zwischendurch eine stärkere Motivation brauchen werde, um durchzuhalten. Also nehme ich mir Richard David Prechts Buch *Wer bin ich und wenn ja wie viele?* zu Hilfe, das sich mit den großen philosophischen Fragen des Lebens und unserer Zeit beschäftigt. Ich knöpfe mir das Kapitel *Jenseits von Wurst und Käse – dürfen wir Tiere essen?* vor. Das habe ich vor längerer Zeit schon einmal gelesen. Während ich jetzt darin blättere, erinnere ich mich an eine wenig erfreuliche Situation im Urlaub auf Sizilien …

Am Ende eines anstrengenden Wandertages saß ich mit guten Freunden in einem schönen »Hotel-Resort« auf der Terrasse. Wir blickten auf das Meer, die Sonne ging gerade unter und die Grillen zirpten so laut, wie es nur im Süden möglich ist. In dieser Bilderbuchatmosphäre diskutierten wir bei einer guten Flasche Rotwein, köstlicher italienischer Salami, Oliven und Baguette über Gott und die Welt, als ich einen Gedanken äußerte, der die Stimmung schlagartig kippen ließ: »Der moderne Mensch sollte eigentlich vegetarisch leben. Ich bin mir sicher, dass es eines Tages so kommen wird – alles nur eine Frage von Zeit und geistiger Weiterentwicklung.« Peng! Meine

These war wie der Anpfiff zum Angriff – plötzlich lag Aggression in der Luft. Es war, als hätte ich etwas Unerhörtes gesagt, das nur eine – relativ kurze – Antwort verdiente: »Quatsch.« Von einer Sekunde zur anderen war ich zur Persona non grata geworden. Ich hatte den Eindruck, man hätte mir am liebsten die – zugegebenermaßen leckere – Salami aus der Hand gerissen.

Schon wünschte ich, ich hätte den Mund gehalten, hätte den schönen Abend nicht gestört durch meine Äußerung, die nun wie eine Wand zwischen uns – im äußerst unerfreulichen Verhältnis von eins zu drei – stand, als mir einfiel, dass ich doch bei Precht geradezu unschlagbare Argumente für meinen Standpunkt gelesen hatte. Ich kramte fieberhaft in meinen Gehirnwindungen, doch Prechts Argumente wollten mir partout nicht mehr einfallen. Zumal ich unter Stress stand, denn die heftige Reaktion meiner Freunde hatte mich erschreckt. Erklären konnte ich mir ihre Aggressivität nur so, dass sie sich angegriffen fühlten. Womöglich weil sie wussten, dass ich eigentlich recht hatte? Heißt es nicht immer: Je mehr man sich gegen etwas wehrt, desto mehr zeigt es, wie sehr man selbst betroffen ist? – zumindest laut Populärpsychologie. Später erfuhr ich, dass die Freundin, die meine Äußerungen besonders aufgebracht hatten, selbst als Kind Vegetarierin war. Als Erwachsene hat sie sich ganz langsam und allmählich wieder unter die Fleischesser eingereiht. Möglicherweise ohne in Wirklichkeit davon überzeugt zu sein?

Jetzt, ein Jahr nach Sizilien und eine überfahrene Katze später, schlage ich endlich nach. Das Kapitel, das sich mit der Frage beschäftigt, ob wir Tiere essen dürfen, beginnt mit einer Science-Fiction-Szene: – genau diese ist der Schlüssel zur Argumentationskette gegen den Fleischverzehr, der mir an jenem Abend auf Sizilien entfallen war. Dabei ist sie so einfach und gleichzeitig eindringlich: Außerirdische, die Menschen weit überlegen sind, landen auf der Erde, sperren sie ein, machen Experimente mit ihnen und essen sie gnadenlos auf. Besonders gern die Kinder. Auf die Frage, wie sie so barbarisch sein können, antworten sie:

> Wir sind intelligenter als ihr und vernünftiger und können lauter Dinge, die ihr nicht könnt. Wir sind eine viel höhere Spezies, ein Dasein auf einer ganz anderen Stufe...und deshalb dürfen wir mit euch machen, was wir wollen...außerdem: Selbst wenn unser Verhalten nicht ganz in Ordnung sein sollte – eines steht trotzdem fest: Ihr schmeckt uns halt so gut.[3]

Bedarf diese fiktive Szene einer Interpretation? Wohl kaum. Da finden wir unser aller Argumente, Ausreden und Rechtfertigungen, wenn wir Tiere essen. So verdammt einfach kann man es auf den Punkt bringen.

Ich will nicht mehr zu den Menschen gehören, die ausblenden, verdrängen und unter den Teppich kehren, die Berichte über Massentierhaltung und Schlachthöfe verfolgen und am nächsten Tag weitermachen, als wäre nichts geschehen, als wären sie nicht indirekt Zeugen grausiger Zustände im Schlachthof gewesen: schreiende Rinder an Haken, denen Blut aus dem Rachen schießt, Schweine, die bei lebendigem Leib verbrüht werden, Hühner, die, bereits geköpft, ziellos durch die Gegend rennen.

Werde ich das schaffen? Vielleicht ist das Fleisch (in diesem Fall mein eigenes) ja zu schwach ... Da hilft nur, den Geist weiter zu schärfen.

Philosophische Schutzimpfung

Der Philosoph Richard David Precht – das ist »mein Mann« in der Frage, ob wir aus philosophischer Sicht Fleisch essen dürfen oder nicht. Ich treffe ihn an einem verregneten Nachmittag in Baden-Baden. Ob er wohl selbst Vegetarier ist?, frage ich mich, als ich ihn sehe: Schlank, fast ein wenig hager und irgendwie asketisch wirkt er. Doch langsam. Zunächst zu den Fragen, die mir seit geraumer Zeit auf den Nägeln brennen:

Welche Argumente gibt es aus philosophischer Sicht gegen den Fleischkonsum?

Höhere Wirbeltiere und auch einige andere Tiere sind sehr leidensfähige Wesen. Unter Menschen ist Leidensfähigkeit ein sehr wichtiges Kriterium, jemanden zu achten und ihm keinen Schaden zuzufügen. Es gibt ja Menschen, die über viele höhere Qualitäten des Menschseins nicht verfügen, zum Beispiel Neugeborene oder demente, ältere Menschen, die wir, obwohl sie nicht so intelligent sind wie wir, gleichwohl in unsere Wertegemeinschaft mit einbeziehen, nämlich mit dem Argument, dass es sich um »leidensfähige Menschen« handelt. Also leidensfähige Wesen. Nun handelt es sich bei Tieren darum auch, je nach Tierart oder Tiergattung natürlich sehr unterschiedlich. Aber weil sie leidensfähig sind, müssen wir diese Leidensfähigkeit berücksichtigen. D. h., wir können nicht einfach so mit ihnen umspringen, als wären sie Sachen.

Gibt es noch weitere Argumente von Philosophen gegen das Schlachten und Essen von Tieren?

In der modernen Diskussion gibt es noch ein zweites. Das ist der Hinweis von Tom Regan [1938 geborener amerikanischer Philosoph und Aktivist in der Tierrechtsbewegung], dass Tiere in der Lage sind, Absichten und Wünsche zu haben, also Präferenzen zu entwickeln. Auch das ist etwas, das wir bei Menschen sehr hoch anrechnen und das ein Grund dafür ist, dass wir Rücksicht auf jemanden nehmen, weil er Wünsche, Absichten, Ziele, Zwecke in seinem Leben verfolgt. Und da Tiere das bis zu einem gewissen Grad auch tun, müssen wir sie als Lebewesen, die Wünsche und Absichten haben – zum Beispiel den Wunsch, am Leben zu bleiben oder keine Leiden zu erfahren – respektieren.

Heißt das, dass man einen Unterschied machen darf oder muss zwischen einem Regenwurm und einem Rind?

Nach der ersten Argumentation, die ich anfangs genannt habe, und der zweiten – Stichwort »Wünsche und Absichten« – müsste man diese Unterschiede durchaus machen. Man müsste den Lebenswert eines Lebewesens abhängig machen erstens von dem Ausmaß seiner Leidensfähigkeit und zweitens von seinen Möglichkeiten, den Wunsch zu entwickeln, am Leben zu bleiben und keinen Schaden zu erleiden. Das würde die Krabbe sehr wesentlich vom Rind unterscheiden. Es würde aber auch dazu führen, dass wir ganz sicher keine Kraken essen dürften, weil sie sehr hoch entwickelt sind. Es würde sich somit eine Art Abstufung entwickeln: Tiere, die wir auf gar keinen Fall essen dürfen, bis hin zu Tieren, wo wir sagen würden »na ja …«.

Welche Tiere dürften wir dann nach dieser Unterscheidung essen?

Es gibt natürlich keine sicher festgelegte Grenze. Als ein Mensch, der sich sehr intensiv mit Fischen beschäftigt hat – das ist eine große Leidenschaft von mir –, weiß ich, dass es auch unter Fischen enorme Intelligenzbestien gibt, die mit Sicherheit Wünsche und Absichten haben. Wir wissen heute auch, dass die Leidensfähigkeit von Fischen enorm ausgeprägt ist, nachdem die Angler uns jahrhundertelang erzählt haben, Fische würden nicht leiden. Fische leiden sehr. Insofern gilt das Argument: »Einen Fisch essen ist weniger schlimm als ein Huhn« sicherlich nicht. Es gibt eine Reihe von Fischen, die intelligenter sind als Hühner. Sichere Grenzen gibt es nicht. Da ist immer eine Grauzone, in der wir entscheiden müssen.

Gibt es denn in der Philosophie ein einziges Argument dafür, Tiere zu essen?

Ich kann Ihnen ein lustiges sagen: Ein Schwein kann wenigstens potentiell weglaufen, ein Salat kann es nicht. Aber das wichtigste Argument ist eigentlich kein philosophisches. Man sagt, der Mensch hätte sich nicht so entwickeln können und nicht überleben können, wenn er nicht Tiere gegessen hätte. Das stimmt. Man kann einem Inuit am Polarkreis nicht verbieten, eine Robbe zu essen oder Wale, weil er sonst sterben würde. Er könnte sonst gar nicht genug Eiweiß zu sich nehmen. Aber in unserem Kulturkreis müssen wir definitiv kein Fleisch mehr essen, da hat sich einiges verändert.

Es heißt immer, dass unser Gehirn sich nicht hätte entwickeln können, wenn wir kein Fleisch gegessen hätten ...

Das ist eine sehr lustige These. Sie stammt aus den Zwanzigerjahren. Schon im neunzehnten Jahrhundert gab es die Parole: »Geist braucht Fleisch«, in den Zwanzigerjahren hat man versucht, das wissenschaftlich zu beweisen, auch noch in den Fünfziger- und Sechzigerjahren. Es gehört zu den hartgesottensten Gerüchten, die unausrottbar sind, dass die tierischen Proteine Grund für das Gehirnwachstum waren. Wenn wir die Frage ganz ehrlich beantworten wollen, dann müssen wir sagen: Wir wissen es nicht. Wir wissen überhaupt gar nicht, warum das menschliche Gehirn in der Zeit vom Australopithecus bis zum Homo sapiens seine Kapazität mehr als verdreifacht hat in einer relativ kurzen Zeit. Kein Paläoanthropologe, kein Hirnforscher weiß ganz genau, warum das so war. Die Proteine mögen einen Beitrag dazu geleistet haben, aber sie waren mit Sicherheit nicht der Hauptgrund.

Inwiefern ist es ein Zeichen der geistigen Reife und Entwicklung der Spezies Mensch, dass er auf Fleisch verzichtet?

Als einziges Lebewesen, das in der Lage ist, moralische Normen aufzustellen, also nicht nur ein »Wollen« zu formulieren, sondern auch ein »Sollen«, und als einziges Wesen, das einen umfassenden Gerechtigkeitssinn hat, wäre es doch merkwürdig, dass wir von dieser Fähigkeit gegenüber Tieren keinen Gebrauch machten, obwohl wir uns doch so rühmen, dass wir uns kraft dieser Fähigkeit von ihnen unterscheiden.

Ist es also eine Art Bestimmung des modernen Menschen, sich vegetarisch zu ernähren, oder würde das zu weit gehen?

Ich halte eine vegetarische Ernährung für die ethisch konsequentere Form der Ernährung. Ich würde mich aber nicht auf einen Marktplatz stellen und die Leute dazu auffordern, Vegetarier zu werden, weil ich weiß, wenn man zu große Anforderungen an Menschen stellt, die nicht bereit sind, darauf einzugehen, dann blockieren sie. Deshalb glaube ich, dass wir den langen Weg nehmen müssen über das Verbot der industriellen Tierhaltung, über Ökohöfe und vieles andere mehr, um die Sensibilität sukzessiv in der Bevölkerung zu steigern, und ich glaube, da sind wir auf einem guten Weg.

Wie handhaben Sie das mit dem Fleisch: Sind Sie Vegetarier?

Ich esse ab und zu Fleisch, aber durchaus mit schlechtem Gewissen. Und habe in der Zeit, in der ich mein Buch über das Verhältnis von Mensch und Tier geschrieben habe, meinen Fleischkonsum deutlich reduziert – ich hatte zuvor viel Fleisch gegessen – und habe dann angefangen, erst mal keine Wurst zu kaufen und dann mehr und mehr auf Fleisch zu verzichten. Das war auch schon ein Prozess des sich selbst einer Sache Bewusstmachens. Am Anfang hätte ich eigentlich gerne ein Buch geschrieben, mit dem ich gerechtfertigt hätte, dass Fleisch zu essen in Ordnung ist, aber je tiefer ich mich in die Materie reingedacht habe, umso klarer wurde mir, dass das nicht geht.

Was hindert Sie daran, ganz konsequent »Nein« zu sagen?

Ich glaube zum Teil meine Willensstärke. Ist sicher ein relativ wichtiges Argument.

Die ist nicht groß genug?

Die ist nicht groß genug. Das gilt aber nicht nur für das Fleischessen. Ich denke, in vielen Bereichen unterbieten wir in unserer Lebenspraxis unsere moralischen Maßstäbe. Wir halten viele Dinge in der Welt für gut und richtig, die wir nur zum Teil umsetzen und zum Teil befolgen. Wir kennen uns selber auch als fehlerhafte Lebewesen. Ich würde sagen, wenn viele Menschen deutlich weniger Fleisch essen würden, wären wir auch schon einen großen Schritt in die richtige Richtung. Und wenn viele Menschen das tun würden, würde ich mich motiviert sehen, ganz darauf zu verzichten.

Das motiviert mich wiederum, endlich mit dem Aufhören anzufangen.

TEIL 2

Erste Schritte

Ein Jahr lang kein Fleisch, das ist der Plan. Und schon am ersten Tag muss ich zwei Mal »Nein« sagen. Das erste Mal zu mir selbst. Es ist ein sommerlicher Drehtag, der mich und das *Planet Wissen*-Kamerateam – seit fast zehn Jahren moderiere ich die Sendung – zunächst in Baden-Badens Fußgängerzone führt. Da ich es mir angewöhnt habe, morgens nichts als einen riesigen Milchkaffee zu frühstücken, droht mich meist gegen Mittag ein Hunger-Ast zu erschlagen. Zur kritischen Zeit sehe ich in der kleinen Bäckerei an der Ecke belegte Fladenbrote und sogar meine Lieblingsversion lacht mich an: die mit Krautsalat und Schinken. »Stopp!«, denke ich. »Das geht nicht mehr, Schinken ist eindeutig tabu.« Und während mir das Wasser im Munde zusammenläuft, frage ich mich, ob mir die Konsequenzen meines Experiments auch wirklich klar sind … Doch mein Entschluss steht. Und die Käse-mit-Ei-Version ist ja auch gut, es hätte schlimmer kommen können.

Es wird schlimmer kommen. Es wird Situationen geben, die mehr Charakterstärke und Durchhaltevermögen erfordern, um meiner Entscheidung treu zu bleiben, als ein anders belegtes Brötchen zu kaufen. Und schon am Abend wartet eine solche Herausforderung, als ich nämlich eine Essenseinladung für das Wochenende bekomme. Spätzle. »Mit Rindergulasch«, verkündet mein Vater mit einem gewissen Stolz. Er ist offensichtlich überzeugt, dass es genau das ist, was mein Herz höher schlagen lässt. Na ja, bislang hätte er damit ja auch richtig gelegen …

Es ist mir schon häufiger aufgefallen, dass ein »gutes Essen« geradezu nach einem Stück Fleisch zu schreien scheint. Es scheint zu symbolisieren: »Für dich, lieber Gast, ist mir nichts zu aufwändig oder zu teuer.« Wie aber soll man diese Erwartungshaltung handhaben, wenn man Vegetarier ist? Als ich vor Monaten, damals noch weit davon entfernt, meine Ernährung umzustellen, eine Gruppe von acht Freunden zum Essen eingeladen hatte und wusste, einer von ihnen isst weder Fleisch noch Fisch, tat ich mich durchaus schwer mit der Entscheidung für das »richtige« Essen. So fragte ich zunächst den Vegetarier, womit ich ihm eine Freude machen könne, und bekam eine Antwort, die mir typisch erscheint: »Ach, lass mal – ich komme gerne vorbei, aber ich habe dann schon gegessen. Mach dir meinetwegen keine Mühe!« – »Ich will mir aber Mühe machen!«, dachte ich. »Und es wird sich doch wohl irgendein Gericht finden lassen, das uns alle glücklich macht, auch wenn es vegetarisch ist.« Aber je mehr ich überlegte, desto weniger hielt ich es für möglich. Also hakte ich nochmals per Mail nach und hoffte auf den ultimativen Vegetarier-Tipp. Doch nun bekam ich gar keine Antwort mehr. Sendepause. Der Vegetarier war verstummt. Hatte er gerade Stress im Büro oder wollte er sich zum Thema Essen nicht mehr äußern? Vielleicht war er auch nur eine besonders »schwierige« Person?

Die Konstellation von sieben »Normalos« und einem Vegetarier stellte mich vor Schwierigkeiten. Irgendwen würde ich zwangsläufig enttäuschen müssen. Kochen für andere hieß ehrlich gesagt auch für mich: kochen mit besonders gutem Fleisch oder Fisch. Die intensive Beschäftigung mit Kochbüchern, das Ausprobieren von tollen Fisch- und Fleischrezepten, das Vorbereiten, all das machte mir immer Freude. Wie sollte ich nun diese Freude wachrufen, wenn ich nur noch (langweiliges) Gemüse einsetzen durfte? Das war mir damals nicht klar und ich wäre dankbar gewesen für jeden noch so kleinen Hinweis. Doch womöglich fürchtete der Vegetarier, er würde von den anderen Gästen am gedeckten Tisch gelyncht, wenn sie erfahren würden, dass sie seinetwegen kein Fleisch serviert bekamen?

Obwohl Vegetarier heute wohl kaum noch als Exoten angesehen werden, fiel mir nicht zum ersten Mal auf, dass die

Vegetarier, die ich kenne, nur ungern über das Thema reden. Vielleicht sind sie es leid, immer wieder die gleichen Fragen beantworten zu müssen oder sich zu rechtfertigen? Fürchten sie negative Reaktionen von der Sorte, wie ich sie auf Sizilien erlebt habe, als ich bemerkte: »Der moderne Mensch sollte eigentlich vegetarisch leben.«?

Als das Essen mit dem verstummten Vegetarier-Freund dann schließlich stattfand, hatte ich alles für eine vegetarische asiatische Gemüsepfanne vorbereitet – eine eigene Kreation, die mir wenigstens das Spielerische und Kreative am Kochen bot –, doch in letzter Sekunde überkamen mich Skrupel. Ich traute mich nicht, den übrigen sieben Gästen nur Grünzeug zu servieren. Ich merkte, es braucht Übung, Erfahrung und Selbstbewusstsein, wenn man Menschen zu sich nach Hause lockt und ihnen dann das vorenthält, was sie als Höhepunkt erwarten: einen Braten, ein Filet, auf jeden Fall Fleisch von bester Qualität. Die schnelle Rettung lagerte im Tiefkühlfach: Garnelen-Spieße. Gebraten in scharfer Kokos-Sauce, Zitronenschale und Ingwer – natürlich in einer separaten Pfanne … Es war wohl ein guter Kompromiss, denn sowohl der einsame Vegetarier als auch die »Normalos« machten mir nach dem Essen verschwenderische Komplimente, wie sie jede Gastgeberin und Köchin gerne hört. Glück gehabt.

Dennoch, das große Rätsel blieb: Warum wollte der vegetarische Gast lieber hungern, als mir einen harmlosen Tipp für ein vegetarisches Gericht zu liefern? Warum wollte er sich nicht zu seinen Beweggründen äußern? Das habe ich an diesem Abend nicht mehr erfahren. Vielleicht kann ich es jetzt herausfinden. Sicher hängt es doch mit einer anderen, ganz entscheidenden Frage zusammen: Warum wird jemand überhaupt zum Vegetarier?

Gute Gründe für Vegetarismus

Das Außenseiterdasein, das Vegetarier noch in den 1980er Jahren führten, ist längst vorbei, sagt Professor Dr. Eva Barlösius von der Leibnitz Universität Hannover, die zur »Soziologie des Essens« geforscht hat. Sie weiß, dass schon seit den 1980er Jahren in bestimmten sozialen Kreisen weniger Fleisch gegessen wird. Und jetzt, rund 30 Jahre später, ist es zu einer großen Bewegung gekommen, die immer weiter voranschreitet. Der typische Vegetarier lebt in der Stadt, ist gebildet, problembewusst und weiblich, wie eine Studie der Universität Jena ergab[4]. Fast ein Drittel der Vegetarier hat einen Hochschulabschluss, jeder fünfte studiert noch, fast jeder vierte hat das Abitur und 16 Prozent den Realschulabschluss. Unter Hauptschulabsolventen sind nur 2,5 Prozent Vegetarier.

Wie viele Menschen genau sich vegetarisch ernähren, ist jedoch nicht ganz klar. Der Vegetarierbund geht von acht Prozent aus, die Gesellschaft für Konsumforschung hat sechs Prozent ermittelt und die letzte Nationale Verzehrstudie des Karlsruher Max-Rubner-Instituts (MRI) kam nur auf 1,6 Prozent – darüber haben sich allerdings sogar die Wissenschaftler des MRI gewundert. Zurückzuführen sind diese unterschiedlichen Zahlen auf die jeweilige Fragestellung der Untersuchungen. Mal wurde nach »streng vegetarisch« essenden Menschen gefragt, mal nach »vorwiegend vegetarisch« essenden. Außerdem kann es zu sehr unterschiedlichen Ergebnissen kommen, je nachdem, in welcher Altersklasse man fragt und ob die Befragten Männer oder Frauen sind. Je mehr junge Menschen und Frauen in einer Studie repräsentiert sind, desto höher der Anteil der Vegetarier. Doch so unterschiedlich die

Zahlen auch ausfallen, einig sind sich die Experten darüber, dass Ernährung geschlechterspezifisch ist: Für Männer hat Fleisch Symbolcharakter, sie verbinden es mit »Kraft und Potenz«, zudem essen Männer eher genussorientiert und auf Kalorien und Fettgehalt achten sie seltener als Frauen. Frauen verbinden dagegen fleisch*los* mit Gesundheit – daher essen sie doppelt so häufig vegetarisch wie Männer. Es gibt Untersuchungen, die zeigen, dass Frauen sich mit Ernährungsfragen grundsätzlich besser auskennen und eine gesunde Ernährungsweise bei ihnen eine viel größere Rolle spielt als bei Männern.[5] Ganz abgesehen von der Geschlechtszugehörigkeit gibt es vier wesentliche Gründe für den Verzicht auf Fleisch. Das Töten von Tieren, die Massentierhaltung, die eigene Gesundheit und nicht zuletzt den Klimawandel.

Klimawandel

Der Klimawandel macht uns zunehmend Sorge – dabei hat es ihn im Laufe der Erdgeschichte immer schon gegeben. Denn den Treibhauseffekt, durch den er verursacht wird, gab es auch schon immer. Ohne den Treibhauseffekt könnte die Erde gar nicht auf ihre notwendige »Betriebstemperatur« kommen. Die beträgt im Durchschnitt 15°C. Ohne den natürlichen Treibhauseffekt läge sie nur bei –18°C. Allerdings, so die Experten, geht das, was wir heute erleben, bei weitem über den natürlichen Treibhauseffekt hinaus. Und wer ist schuld? Vieles spricht dafür, dass wir es sind. Durch die Verbrennung von fossilen Energieträgern wie Erdöl, Kohle und Gas werden zu große Mengen an CO_2 freigesetzt: Pro Einwohner und Jahr in Deutschland durchschnittlich elf Tonnen. Der weltweite Schnitt liegt bei vier Tonnen. Dabei halten Klimawissenschaftler nur einen Wert von 2,5 pro Person für umweltverträglich. Bis ins Jahr 2050 sollen wir unseren Verbrauch also um 80 Prozent drosseln. Aber eben auch Methangas, das bei Verdauungs- und Gärprozessen von Wiederkäuern entsteht, gilt als »Killergas«. Und dieser Treibhausgas-Ausstoß durch Fleischproduktion ist laut Welternährungsorganisation inzwischen höher als der aus dem Straßen- und Luftverkehr. Man könnte auf die Idee kommen, eine Abgassteuer für Kühe einzuführen …

Wenn wir also in Sachen Fleisch kürzer treten, ist das durchaus klimafreundlich. Der UN-Weltklimarat appellierte vor dem Weltklimagipfel 2009 an jeden Einzelnen, weniger Steak, Schnitzel und Wurst zu essen, und startete die Kampagne »Less Meat = Less Heat«. Vor allem »Fleischnationen« wie die USA (126,6 kg Fleisch pro Kopf im Jahr 2005) und Australien (117,6 kg Fleisch pro Kopf im Jahr 2005) sollten sich mäßigen.

Schließlich ist der Treibhausgas-Ausstoß durch die Fleischproduktion laut Welternährungsorganisation inzwischen höher, als ihn der Verkehr auf der ganzen Welt verursacht.[6]

Und noch ein paar Zahlen: Für ein Kilo Rindfleisch werden über 10 kg Getreide verfüttert und bis zu 15 m³ Wasser verbraucht, außerdem benötigt man viel mehr Fläche für die Erzeugung eines Kilos Fleisch als für die Erzeugung von einem Kilo pflanzlicher Lebensmittel. Regenwälder müssen für den Futteranbau der Tiere abgeholzt werden. Und folgende Zahl ist eindrucksvoll und erschreckend zugleich: Alle Schlachttiere auf der ganzen Welt zusammen genommen verbrauchen Futter, das dem Kalorienbedarf von 8,7 Milliarden Menschen entspricht – also mehr, als die gesamte Weltbevölkerung bräuchte.

Die Organisation »Foodwatch« hat ermittelt, was Allesesser, Vegetarier und Veganer in Deutschland durchschnittlich im Jahr verzehren, und die daraus resultierenden Treibhauseffekte jeder einzelnen Gruppe dann in Autokilometer umgerechnet. Heraus kamen folgende Zahlen[7]:

- Wer Fleisch, Milchprodukte und Pflanzen isst, verursacht im Jahr so viel Gase wie bei einer Fahrt von 4377 Kilometern.
- Wer sich nur mit Milchprodukten und Pflanzen ernährt, kommt auf 1978 Kilometer.
- Wer nur Pflanzen isst, erzeugt so wenig Treibhausgase wie bei einer Fahrt über 281 Kilometer.

Je weniger tierische Produkte also auf unserem Speiseplan stehen, desto besser ist die persönliche Klimabilanz. Der Deutsche Vegetarierbund hat sich im Jahr 2010 deshalb etwas einfallen lassen: Man soll an einem Tag der Woche auf Fleisch verzichten. Als erste deutsche Stadt hat Bremen im Januar 2011 in öffentlichen Einrichtungen wie Kitas, Schulen oder Kantinen auf Initiative der Bürgerstiftung Bremen und anderer Organisationen einen fleischfreien Donnerstag eingeführt.

Aspekte des Klimawandels waren oft auch Thema bei *Planet Wissen*. Von sämtlichen Experten, die wir zu Gast hatten, wurde der enorm hohe CO_2-Ausstoß der westlichen Welt angeprangert. Mit dem Freiburger Geographen Prof. Rüdiger Glaser sprachen wir auch über die CO_2-Bilanz des Durchschnittsdeutschen. Je höher diese Bilanz aufgrund unserer Lebensweise ausfällt, sagt er, desto größer ist unser persönlicher »CO_2-Fußabdruck«. Alles, was wir täglich tun und verwenden, ist mit CO_2 verbunden und ergibt in der Summe unseren CO_2-Fußabdruck: Wir atmen – dagegen sollten wir lieber nichts tun –, aber wir waschen und föhnen uns auch die Haare, fahren Auto und essen Lebensmittel, bei deren Herstellung CO_2 ausgestoßen wird, kaufen Verpacktes, sehen fern und lassen Lampen brennen. Und die Fernreise zählt auch zu den »Must-Haves« unserer Konsumgesellschaft, bedauerte Glaser, der die verheerenden Auswirkungen kennt.

Wer sich zum Beispiel täglich die Haare wäscht, verbraucht pro Tag 280 bis 300 Gramm CO_2, wenn man dafür Herstellung des Shampoos und das verbrauchte warme Wasser zusammenrechnet. Derartige Rechnungen anzustellen ist Spezialität von Christian Hochfeld, Mitarbeiter des Ökoinstituts in Berlin. Will man wissen, wie der persönliche CO_2-Fußabdruck aussieht, muss man alles aufstellen, was man am Tag anstellt. Zum Beispiel auf der Homepage des Bayerischen Landesamtes für Umweltschutz gibt es einen »CO_2-Rechner«, der einem dann ein Ergebnis liefert.[8] Wie auch immer die individuelle Bilanz ausfällt: Die Größe des Fußabdrucks eines Menschen in Deutschland ist enorm verglichen mit dem Fußabdruck eines Inders. Aber wie wird es erst sein, wenn alle Inder und Chinesen so leben wollen wie wir in Deutschland?

BSE

Gut zehn Jahre lang wollte mein Sohn Nicolas kein Fleisch essen und es war für mich ein Ding der Unmöglichkeit herauszufinden, weshalb. Einiges spricht allerdings dafür, dass ich seinen Vegetarismus selbst verursacht habe. Zu Hochzeiten des BSE-Skandals in Großbritannien ging mein Sohn in einen Ganztagskindergarten, in dem auch gemeinsam zu Mittag gegessen wurde. Da ich sehr viel Zeit mit journalistischen Recherchen über BSE verbracht hatte und diese Seuche wie ein Damoklesschwert über unseren Köpfen schweben sah, wollte ich auf Nummer sicher gehen und trichterte meinem damals dreijährigen Sohn ein, dass er bei der Essensausgabe im Kindergarten grundsätzlich nachfragen solle, ob es sich um Rindfleisch handelte. Bei der Antwort »Ja« hatte er von mir den eindeutigen Auftrag, das Fleisch beiseitezulegen. (Noch besser hätte ich gefunden, es gar nicht erst in Kontakt mit dem Teller kommen zu lassen – aber ich wollte das Kind nicht überfordern.)

Damals, in den Jahren 1990 ff., war noch völlig unklar, ob auch Menschen sich beim Verzehr von infiziertem Fleisch mit der neuen Variante der Creutzfeldt-Jakob-Krankheit anstecken würden. Es war absolut möglich und ich beobachtete mit Sorge und großer Verwunderung, wie Menschen trotzdem weiterhin »ihr« Rindfleisch verzehrten. Im Jahr 1990, als alle Welt über die verrückten, todgeweihten Rinder in England sprach, hatte sich der jährliche Fleischkonsum in Deutschland mit 70 kg pro Person seit Anfang der 50er Jahre fast verdreifacht und damit, allen Schauernachrichten zum Trotz, einen neuen Höchststand erreicht.[9] Inzwischen liegt der durchschnittliche Fleischkonsum der Deutschen bei ca. 60 kg pro

Kopf bzw. der Fleischverbrauch, der über den Nahrungsverbrauch hinausgeht, für Futterherstellung, die industrielle Verwertung sowie Verluste (Knochen zum Beispiel), bei 89 kg pro Kopf.[10]

Erstaunlicherweise griffen die Verbraucher auch ausgerechnet in der BSE-Hochzeit vermehrt zur Billigware, wie die zentrale Markt- und Preisberichtstelle damals registrierte. Der Absatz von Fleisch aus Discountern legte um rund 20 Prozent zu, während gleichzeitig in Metzgereien mehr als 13 Prozent weniger Fleisch verkauft wurde – eine groteske Entwicklung. Natürlich schien BSE damals zunächst England zu betreffen. Doch wie konnte man sich so sicher sein, dass britisches Rindfleisch nicht über die Grenze kommt? Und aus welchem Grunde sollte diese Krankheit nur britische Rinder betreffen? Menschen wie die Fleischhygiene-Expertin Margrit Herbst, die laut warnen wollten, als es bereits erste Verdachtsfälle von BSE in Deutschland gab, wurden damals mundtot gemacht. (Jahre später wurde sie für ihre Zivilcourage mit dem Whistleblower-Preis ausgezeichnet.) Und 1996 meldete sich dann schließlich der damalige Gesundheitsminister Horst Seehofer zu Wort, kurz bevor die Brüsseler Kommission im März 1996 ein totales Exportverbot für britisches Rindfleisch verhängte: »Selbst bei gemeinsamen Abwehrmaßnahmen sind nicht alle Risiken mit absoluter Sicherheit auszuschließen.«[11] Da waren aber schon längst mindestens 2300 Tonnen Fleisch von britischen Rindern illegal exportiert worden. Enorme Mengen wanderten als Würste oder in Konserven auch über deutsche Ladentheken. Erst als diese illegalen Importe 1997 ans Licht kamen, zeigten die Verbraucher in Deutschland (endlich!) Anzeichen von Verunsicherung. Aus Angst vor der Rinderseuche wurden tausende Tiere getötet und der Konsum von Rindfleisch ging drastisch zurück.

Dennoch: Nach dem Motto: »Alles lassen wir uns nehmen, nur unseren Sonntagsbraten nicht!«, wurden bald alle Bedenken und Risiken wieder abgeschüttelt – man wollte anscheinend lieber doch nichts davon wissen, es war ein unangenehmes Thema, das merkte ich auch in vielen Gesprächen. Meine »Lieblingssätze« aus den Mündern der Kopf-in-den-Sand-Stecker waren: »Das Fleisch wird doch jetzt streng kontrolliert.« und: »Wenn Rindfleisch gefährlich wäre, dann dürfte es doch gar nicht mehr verkauft werden«. Das Vertrauen in die Kompetenz, ja, die Unfehlbarkeit der zuständigen Behörden verblüfft doch immer wieder, haben doch all die Gammel- und Ekelfleischskandale der letzten Jahrzehnte deutlich gezeigt, dass die zuständigen Institutionen im Kampf gegen skrupellose Fleischproduzenten viel zu häufig auf verlorenem Posten stehen.

Heute, mehr als 25 Jahre nach der ersten erkrankten Kuh und 15 Jahre nach der ersten Infektion eines Menschen, wissen wir, dass BSE auf den Menschen übertragbar ist. Und auch wenn die Zahl der Toten durch die neue Variante der Creutzfeldt-Jakob-Krankheit (vCJK) bislang überschaubar bleibt – bis März 2010 waren es weltweit »nur« 214 Tote –, so ist bis heute weder geklärt, wie genau die Übertragung funktioniert, noch, ob es nach längeren Inkubationszeiten, als bisher angenommen, weitere Todesfälle in Zukunft geben wird. Forscher sind einer speziellen genetischen Disposition auf der Spur, die im Zusammenwirken mit dem Erreger tödlich sein kann – es ist denkbar, dass stille Träger der Krankheit unter uns sind. Der Neuropathologe Hans Kretzschmar vom Zentrum für Neuropathologie und Prionforschung an der Ludwig-Maximilians-Universität in München sagt mir dazu:

BSE ist sicher auf den Menschen übertragbar, aber wie es jetzt aussieht, unter praktischen Gesichtspunkten des täglichen Lebens, sehr ineffizient übertragbar: Den ein bis zwei Millionen BSE-Rindern in Großbritannien stehen ca. 170 vCJK-Fälle in Großbritannien gegenüber. Das wissen wir jetzt, vor ein paar Jahren gab es keine Möglichkeit, das vernünftig abzuschätzen. Natürlich ist auch noch nicht alles vorbei, und man sollte deshalb weiterhin auf der Hut sein. Es gibt noch etliche Unbekannte: Ist BSE eine eigenständige Krankheit, die immer wieder neu entstehen kann? Wieso gibt es Fälle der vCJK in Frankreich, Spanien, Italien, NL, Japan ..., aber nicht in Deutschland usw.? Die Sicherheitsmaßnahmen, die damals getroffen wurden, waren zwar teuer, aber richtig. Sie haben verhindert, dass die Krankheit weiterhin – zwar auf niedrigem Niveau, aber doch kontinuierlich – auf den Menschen übertragen wurde und sich dort »einnisten« konnte. Außerdem hätte BSE ja auch viel besser auf den Menschen übertragbar sein können; das konnte damals niemand vorhersagen.

Die 1990er Jahre waren also die Jahre, in denen mein Sohn zum Vegetarier wurde: eine Entwicklung, die vermutlich mit meinem Rindfleisch-Verbot einsetzte und sich schließlich auf Schweinefleisch und auch Geflügel ausweitete. Irgendwann bestand er dann sogar auf Gummibärchen aus der Apotheke oder dem Reformhaus, die mit Fruchtsaft statt Gelatine hergestellt werden. Seine Antworten auf meine Fragen nach dem Warum blieben indes eher vage, von »Es schmeckt mir nicht« über »Die armen Tiere« bis hin zu der Aussage, die alle weiteren Nachfragen erübrigt: »Ich will es einfach nicht«. Doch genauso langsam und unmerklich, wie ihm der Appetit auf Fleisch vergangen war, setzte nach rund zehn Jahren der Gegentrend ein. Heute ist er kein Vegetarier mehr. Schade, denn sonst hätte ich jetzt einen Mitstreiter.

Brief eines Vegetariers

Er ist der Mann, der immer über alles informiert ist – ob es in der Schweiz ist oder in Deutschland oder sonst wo auf der Welt, ob es um Politik geht, um Unterhaltung, Showbusiness, Filme, Bücher, Ernährung, Psychologie oder moralische Fragen: eine schnelle Mail an B. und innerhalb kürzester Zeit habe ich eine verlässliche Einschätzung, zusätzlich aufbereitet mit Zeitungsartikeln oder Fotos zum Thema. Ich weiß nicht, wie B. das macht, denn er hat als Berater von forschenden Unternehmen eine prall gefüllte Agenda. Die Zeit, sich mit den wichtigen Dingen des Lebens auseinanderzusetzen und genau hinzuschauen, nimmt er sich trotzdem. Das macht unsere Kommunikation so wertvoll.

Vor vielen Jahren hat B. mich nach der Besichtigung des Goetheanums in Dornach bei Basel (der von Rudolf Steiner entworfene Kunstbau und heute Sitz der anthroposophischen Gesellschaft und der »freien Hochschule für Geisteswissenschaft«) in ein vegetarisches Restaurant geführt. Damals dachte ich, so ein Ausflug ins Reich der Vegetarier gehöre zum Programm, wenn man das Goetheanum besucht, schließlich befürworten Anthroposophen Vegetarismus. Heute weiß ich, dass B. als überzeugter Vegetarier einfach gut essen wollte. Natürlich will ich jetzt auch genau wissen, was ihn zum Vegetarier gemacht hat. »Wie kommt es eigentlich, dass du kein Fleisch isst?« Er bittet um ein wenig Bedenkzeit.

Doch schon am selben Abend erhalte ich seine Antwort via E-Mail. Sie beginnt mit einem Bild: »Entweder man/frau sieht im stereoskopischen Bilderbuch den Delfin im Blumenbeet oder eben nicht.« Seine Motive, schreibt er, sind keineswegs intellektuell, nicht emotional, nicht spirituell oder sonst wie eindeutig zuzuordnen. Schon gar nicht gehöre er zu jenen Tierfreunden, die in Verzückung geraten, sobald sie nur einen Hund oder eine Katze sehen. Haustierhaltung findet er vielmehr problematisch. Er möchte anderen Lebewesen »auf Augenhöhe« begegnen. Die ganz persönliche Begründung für ein Leben als Vegetarier klingt so:

Tiere sind das Ergebnis einer (ihrer) Evolution, ganz so wie ich es von meiner bin. Du begegnest auf einer Wanderung fünf Rindern, die betrachten dich, dicht aneinandergedrängt, neugierig, ängstlich oder wie auch immer. Unsere menschlichen Empfindungen lassen sich nicht übertragen. Aber es ist in jedem Fall eine Beziehung zwischen dir und den noch jungen Kühen. Du schaust ihnen zu, aufmerksam und ohne irgendwelche vorgefertigten Bilder. Und dank des Reflexionsvermögens, das wir Menschen entwickelt (bekommen) haben, entsteht so etwas wie Empathie, eine Mischung aus objektivem Betrachten, Respekt und Zuneigung. Und du siehst, wie unsicher sie sind, halb dir zugewandt, halb fluchtbereit etc. Und du erkennst: das sind auf ihre Weise perfekte Lebewesen ganz unabhängig von dir als Mensch. Ohne menschliches Eingreifen leben diese Rinder nach ihrer Biologie und ihrem Rhythmus und du nach deiner. Nun ist es aber so, dass wir (»Herrenmenschen«) die Rinder halten zu unserer Plaisier. Vielleicht behandelt sie der Bauer nett und halbwegs korrekt, aber am Ende kommt der Transporter, das Schlachthaus, die Angst, die Erniedrigung. Dann ist Schluss mit dem Respekt der andern Autonomie. Und dies wozu? Damit wir das Rind essen können. Nicht weil wir es essen müssen, nein, weil wir dazu Lust haben. Wir rauben also einer andern Identität die Würde und die Autonomie just for fun. Nun kann Frau Will eine Talkshow starten zum Thema: »Haben Tiere eine Würde?« und über vergleichbaren Quark. Das sind alles Alibidebatten und treffen nicht den Kern. Biologisch gesehen ist eine Ameise eine Ameise, ein Rind ein Rind, eine Birgit eine Birgit. Und mit welchem »Recht« darf nun eine biologische Einheit, wohlverstanden ohne biologische Notwendigkeit, dafür mit cooler Absicht und industriell perfekt geplant die andere töten und verzehren? Wie gesagt, just for fun. Alle Mineralstoff- und Vitaminstoffmangelargumente lassen sich inzwischen inhaltlich oder allenfalls chemisch substituiert entkräften. Ich könnte dazu noch viel sagen, will ich aber nicht: Entweder gelangt man/frau zu diesem Empathieverständnis oder eben nicht. Deshalb auch mein Standpunkt: Nicht ich sollte erklären müssen, weshalb ich kein Fleisch/Fisch esse, sondern die Fleischfresser, weshalb sie kannibalisieren. Frage: Sind Vegetarier die besseren Menschen? Nein, aber sie wissen, wie die sein sollten. B.

Ich hatte jetzt auch so leise eine Ahnung, wie ich sein sollte. Bedauerlicherweise anders, als ich es war.

Weder Fleisch noch Fisch

Seit einer Woche habe ich nun kein Fleisch mehr angerührt. Fisch auch nicht – das allerdings nur, weil es sich nicht ergeben hat. Ich muss nämlich zugeben, mein Plan war ursprünglich, nur kein Fleisch mehr zu essen und mich den »Pescetariern« anzuschließen – Leuten, die sich als Vegetarier bezeichnen, aber nur auf Fleisch verzichten, Fisch essen sie durchaus –, das wäre mir sehr entgegengekommen. Und sehr inkonsequent gewesen, ich weiß. Echte Vegetarier mögen Pescetarier wohl eher nicht, aber es gibt schließlich immer irgendwen, der einen nicht mag. Mir Fisch zu erlauben, schien mein Leben am wenigsten zu beeinträchtigen: Ich würde weiterhin tolle Abendessen schmeißen und die Gäste mit Loup de Mer beeindrucken können. Und bei einer Essenseinladung von Bekannten bringt ein Satz wie: »Eine klitzekleine Information am Rande, nur für alle Fälle: Ich esse kein Fleisch, dafür aber selbstverständlich Fisch!« auch keinen Gastgeber in Nöte. Doch je länger ich mich mit der Thematik beschäftige, umso klarer wird mir: Wenn ich mich über eine »Zwei-Klassen-Behandlung« von Tieren ärgere und meine These ist, dass es nicht darauf ankommt, wie intelligent ein Tier ist oder wie groß, dann kann das nur heißen: kein Fleisch, kein Fisch, kein sonstiges Getier.

Das wird die Dinge allerdings etwas komplizierter machen als ursprünglich gedacht. Ich muss mir frische Motivation aus einem der Standardwerke zum Thema holen – *Vegetarismus* von Claus Leitzmann. Das Nichtessen von Fleisch UND Fisch soll eine gewisse »geistige Leichtigkeit« bringen, lese ich hier. Erhöhte Kreativität, Konzentrationsfähigkeit und geistige Ausdauer könnten die Folge von fleischloser Ernährung sein.

Klingt toll! Es heißt, dass Vegetarier sich auch deshalb »seelisch erleichtert« fühlen, weil sie nicht für das Töten von Tieren verantwortlich sind – auch wenn man nur indirekt tötet. So soll Franz Kafka beim Betrachten von Fischen im Aquarium gesagt haben: »Nun kann ich euch in Frieden betrachten; ich esse euch nicht mehr.«

Ich kann das gut nachvollziehen. Ich habe einen kleinen Teich im Garten. Seit Monaten beobachte ich zwei der ursprünglich drei Goldfische, die ich irgendwann mal da reingesetzt habe – der dritte wurde wohl von Vögeln rausgeholt. Wenn man die beiden übrig gebliebenen Fische in dem trüben Wasser ausnahmsweise mal sieht, dann stets einträchtig zusammen. Sie drehen gemächlich ihre Runden, einer gefolgt vom anderen – obwohl in dem Teich doch wirklich Platz genug wäre, dass es sich einer auf der rechten Seite und der andere auf der linken gemütlich macht … Sind die beiden ein Paar? »Schwarmverhalten« habe ich mal gehört, das klingt nüchtern. Meine Interpretation ist romantischer – aber sei's drum: Das Bild der beiden musste ich nun schon seit Monaten verdrängen, wann immer ich einen Fisch in den Ofen schob. Insofern wird es für mich in der Tat eine geistige und seelische Erleichterung sein, wenn ich das künftig einfach nicht mehr tue.

Ich erinnere mich auch an eine unschöne Situation auf dem Baden-Badener Forellenhof, der in den 60er Jahren Kulisse für eine der ersten Serien im deutschen Fernsehen war: »Der Forellenhof«. Heute ist dort nicht nur ein Hotel untergebracht, sondern auch eine Forellenzucht mit kleinem Hofladen. Ich wollte dort Forellen besorgen. Nachdem ich mein »Zwei Forellen, bitte« ausgesprochen hatte, verließ die Verkäuferin den Verkaufsraum mit den Worten: »Sofort – ich hole sie von draußen. Die sind nämlich ganz frisch!« Ich geriet innerlich in Panik. Würden nun nur meinetwegen jetzt zwei nichtsahnende Forellen aus dem Teich gefischt und gemordet werden? Sollte ich (und nur ich!) für ihren Tod verantwortlich sein? – nur weil ICH sie essen wollte? Wissend, dass die Situation wohl ein wenig grotesk sein würde, warf ich meinem Freund die Einkaufstasche zu und eilte der Verkäuferin hinterher, um sie aufzuhalten. Doch die Frau war schon auf dem Rückweg mit den beiden Forellen. Meinen Blick auf die toten Tiere in ihrer Hand gerichtet, fragte ich kleinlaut: »Haben Sie die jetzt meinetwegen …?« Die Verkäuferin winkte ab: »Nee, nee, wir haben vor der Mittagspause noch ein paar rausgefischt. Es war also nicht Ihretwegen!« Das machte es ein bisschen besser. Aber nur ein bisschen.

In südlichen Ländern ist so eine Situation ja alltäglich: ein Aquarium im Restaurant, aus dem sich der Gast sein Prachtexemplar fürs Abendessen aussuchen kann. Auch das habe ich nie übers Herz gebracht, es hatte für mich was Barbarisches. Wenn ich es mir jetzt so überlege, bin ich im Geiste schon immer Vegetarier! Nur mein Bauch wusste davon lange nichts.

Und mein Freund, der gerade in Südamerika auf 6000er klettert, weiß es auch noch nicht. Das wird eine echte Belastungsprobe für unsere Beziehung werden, immerhin ist gemeinsam Kochen für uns eine Art Hobby. Wir besorgen üblicherweise an den Wochenenden Fleisch oder Fisch in Fachgeschäften, um unterschiedlichste Rezepte aus aller Welt auszuprobieren. Nun male ich mir aus, wie mein Freund reagieren wird, wenn er zurückkehrt und ich ihm mitteile: »Schatz, ab sofort nur noch Gemüse und Körner. Ist aber auch schön. Und sooo gesund.«

Gesundheitscheck

Was sagen eigentlich meine Blutwerte?, will ich zu Anfang meiner Vegetarierkarriere wissen. Da die erst einer Woche alt ist und es für mich nicht unüblich war, mal ein paar Tage lang kein Fleisch zu essen, werden die Werte – ob gut oder schlecht – auf jeden Fall ein realistisches Bild meines Fleischesserzustandes zeigen. Wie werden sie sich im Laufe des vegetarischen Jahres entwickeln? Werden sie sich verbessern, z.B. das Cholesterin, oder verschlechtern, z.B. das Eisen, das mir immer schon fehlte wie vielen anderen Frauen auch? Meine Ärztin, der ich als Begründung für die Blutuntersuchung auch erzählt habe, dass ich mich ab sofort vegetarisch ernähren werde, hakt nach und will Genaueres über meine Motivation erfahren.

Weshalb ich das mache? Hm. Wo soll ich anfangen? Habe ich überhaupt Lust, damit anzufangen? Zum ersten Mal ahne ich, was Vegetarier umtreibt, wenn ihnen diese Gewissensfrage gestellt wird … Erstens, es ist lästig und mühselig, so viel zu erklären (denn es gäbe verdammt viel zu sagen), zweitens, man fürchtet Widerspruch (Fleischesser könnten diskutieren wollen, ich müsste Argumente widerlegen – das ist anstrengend) und drittens, es ist letztlich sehr persönlich (bei der Ärztin meines Vertrauens nicht unbedingt das Problem, aber ich kann nachvollziehen, dass man auch mal schweigen will). Um es aber nicht kompliziert zu machen, sage ich an dieser Stelle, dass ich eine Art Experiment vorhabe und ausprobieren möchte, wie es ist, wenn ich mich vegetarisch ernähre. »Auch keinen Fisch?«, fragt sie mit sorgenvollem Unterton. Als ich das bestätige, runzelt sie die Stirn. »Wissen Sie, jede Familie hat ihre Krankheitsgeschichte und viele Krankheiten können durch eine entsprechende Ernährung vermieden werden. In Ihrer Familie gibt es die Tendenz zu erhöhten Cholesterinwerten.« Das ist mir bekannt. Es hat nichts mit fettiger oder tierischer Ernährung zu tun, vielmehr produziert der Körper selbst dieses Cholesterin. Dem kann man entgegenwirken, indem man zum Beispiel vermehrt Omega-3-Fettsäuren zu sich nimmt. Die sind besonders im Fisch enthalten, wie meine Ärztin meint.

»Sie sollten also zumindest weiter Fisch essen«, rät sie mir und auch wenn es ein bisschen schwerfällt, ich will meine innere Reaktion darauf nicht verschweigen. Sie lautet in etwa: »Juchhu!« und »Ufff, Glück gehabt!« In diesem Moment bin ich bereit, alle Forellen dieser Welt Forellen sein zu lassen. Mein einträchtiges Goldfischpärchen, die Spiegelneuronen, Kafka und seine geistige Leichtigkeit – alles schön und gut. Ich habe gerade einen offiziellen ärztlichen Freibrief erhalten. Ja, ich bin geradezu gezwungen, weiter Fisch zu essen, denn sonst könnte ich mir selbst schaden! Wenn das kein schlagendes Argument ist!

»Das ist kein Argument«, sagt mein Sohn Nicolas, als ich von der überraschenden Wende berichtete. Dann halt nicht …

Wert und Würde von Tieren

Meine Freundin C. erzählt mir eine Geschichte: Ihre Eltern lebten eine Weile mit ihrem Hund auf einem Segelschiff. Abends, bei Sonnenuntergang, nahmen sie an Deck ihren »Sundowner« ein. Das Tier sollte nicht »denken«, es ginge leer aus, und bekam zur Feier des Tages einen Baileys in seinen Hundenapf – ein Ritual, das bald dazu führte, dass der Hund abends immer zur selben Zeit sein Herrchen mit der Schnauze ans Bein stieß, um auf seinen ausstehenden Drink aufmerksam zu machen. Im ersten Moment eine amüsante Anekdote. Im zweiten Moment fällt mir aber wieder einmal auf, dass es in unserer aufgeklärten Gesellschaft Tiere erster und zweiter Klasse gibt. Tiere, die wir ausbeuten, totschlagen und uns auf den Teller legen, und Tiere, die wir wie Mitmenschen behandeln. Wer legt fest, welches Tier zur ersten und welches zur zweiten Klasse gehört? Mit welchem Recht empören wir uns darüber, dass man im asiatischen Raum auch gerne mal einen Hund oder eine Katze verspeist? Warum ist das eine Tier schützenswert, das andere aber nicht? Ich möchte wissen, wie das sein kann, und wende mich an Professor Hans Hinrich Sambraus. Er ist Tierarzt und Zoologe und lehrte früher Tierhaltung und Verhaltenskunde an der Technischen Universität München. Er ist Mitbegründer der »Gesellschaft zur Erhaltung alter und gefährdeter Haustierrassen e.V.« und hat mit seiner Familie selbst lange mit Hausschweinen zusammengelebt, auch um sie besser beobachten zu können.

Professor Sambraus, mir ist natürlich klar, dass Hunde und Katzen Haustiere sind und es eine Frage der Kultur ist, dass wir unsere Haustiere nicht essen. Aber kann ein Schwein nicht genauso Haustier sein, wenn wir das zulassen?

Nicht ganz. Zunächst mal zum Begriff »Haustiere«. Die einen sind die »landwirtschaftlichen Nutztiere«, die anderen laufen unter »Stubentiere«. Haustier sind sie alle. Alle domestizierten Tiere sind Haustiere. Das mal zur Begrifflichkeit. Aber eigentlich sind schon die sogenannten »Raubtiere«, also Hunde und Katzen, besonders intelligent, denn die müssen sich immer beim Fang ihrer Beute auf die Beute einstellen, sie müssen besonders flexibel und geistig wendig sein. Das ist ein Unterschied. Obwohl auch unter den landwirtschaftlichen Nutztieren – Sie erwähnten das Schwein – große Unterschiede bestehen. Das Schwein gilt als unser cleverstes landwirtschaftliches Nutztier. Es ist sehr lernfähig und kann sich gut gegen Feinde wehren, wenn es verfolgt wird.

Und woran noch kann ich Intelligenz bei Tieren festmachen?

Am schnellen Lernen und bei Wildtieren am situationsgerechten Verhalten. Aber grundsätzlich lässt sich eben sagen, dass die Tiere, die Beute machen müssen, geistig beweglich sind. Hund und Katze sind auf jeden Fall aufmerksam, zum Teil aber durch die Domestikation verändert, im Sinne des Menschen – der Hund mehr als die Katze, weil der mit dem Menschen nah zusammenlebt, die Katze ist eigenständiger geblieben in der Obhut des Menschen. Den Hund hat man domestiziert, so wie man ihn haben wollte. Ein Beispiel für eine besonders starke Domestikation durch Züchtung ist der Pudel. Er ist am weitesten von der Wildform, dem Wolf, entfernt.

Wenn die Tiere, die auf die Jagd gehen, die intelligenteren sind und der Pudel am weitesten entfernt ist von seiner Urform, ist es dann mit seiner Intelligenz grundsätzlich nicht so weit her wie mit der des Schäferhundes?

Die Hirnmasse ist in der Tat durch die Domestikation reduziert. Das gilt sowohl für den Pudel als auch für den Schäferhund. Aber die Eigenschaften, die der Mensch beim Pudel, diesem geistig beweglichen Tier, haben wollte, die wurden gefördert. Der Pudel wurde zum Beispiel im Hinblick auf ein kindliches Spielverhalten selektiert, man hat ihn als Affen-Ersatz gezüchtet. Ob er weniger intelligent ist als der Schäferhund, weiß ich nicht. Auffallend ist aber, dass man nie den Pudel heranzog, wenn es um zuverlässiges Arbeiten ging: weder als Polizeihund noch als Blindenhund.

Nun ist es ja heikel, die Wertigkeit eines Tieres, überhaupt die eines Individuums, an der Intelligenz festzumachen. Aber lassen wir diesen Punkt hinter uns. Sie haben mit Ihrer Familie lange mit Schweinen zu Hause zusammengelebt und ihr soziales Verhalten genau beobachtet. Gibt es da Verhaltensweisen, die an Stubentiere (umgangssprachlich: Haustiere) erinnern?

Ja, ohne Zweifel. Einmal ist da die Tatsache, dass sie auf Menschen geprägt werden, wenn man sie von klein an isoliert von Artgenossen hält, so wie wir es getan haben. Sie sehen dann im Menschen ihren Artgenossen, von ihren eigenen Artgenossen wollen sie gar nichts wissen. Aber sie können sich nicht in allen Situationen anpassen, z. B. koten sie dahin, wo sie eben wollen. Das ist angeboren. Aber die Nähe suchen sie dennoch. Bei uns sind die Schweine sogar ins Bett gehüpft!

Durften sie da bleiben?

Nein, das durften sie nicht! Ich dachte übrigens wegen des verschmutzten Bettes zunächst, unser damals zweieinhalbjähriger Sohn sei mit Schuhen ins Bett gegangen und habe ihm Vorwürfe gemacht: »Das darfst du aber nicht!« Der war ganz empört und meinte: »Das war ich nicht!«, bis ich bald danach feststellte, Donnerwetter: Das Schwein hat im Garten gewühlt, es war Frühjahr, und ihm war offenbar kalt. Dann hat es sich ins Bett gelegt und aufgewärmt. Auch ein Zeichen von Cleverness, zu erkennen: Da ist es angenehm im Bett, da wärme ich mich mal ein bisschen auf. Bis hin zu der Tatsache, dass er gemerkt hat, er darf das nicht, aber er konnte es nicht lassen. *[Im Gespräch ist plötzlich nicht mehr von »es« – das Schwein – die Rede, sondern von »er«.]* Er hat sich danach meist unter der Bettdecke verkrochen und ein Luftloch frei gelassen. Ich habe dann immer gerufen, er aber nicht geantwortet, was er normalerweise tat. Offenbar weil er dachte, dann verrät er sich.

Was Menschen an Hunden begeistert, ist, dass sie sich so unglaublich freuen können, wenn man nach Hause kommt. Ist das bei Schweinen auch so?

Ja, der Murkel kam immer an die Beine der Personen mit seiner harten Rüsselscheibe – das ist eben diese robuste, schweineartige Weise, um eine Freundschaft oder eine Bindung deutlich zu machen. Diese Verhaltensweisen sind angeboren. Wer es zu interpretieren weiß, der weiß: Das ist ein Akt der Freundschaft!

Wenn Sie erleben, dass man Schweine trotz dieser sozialen Verhaltensweisen ganz anders behandelt als Hunde: Denken Sie, das ist ungerecht?

Zweifellos ist das ungerecht. Wir sehen immer solche Tiere als uns besonders nahestehend und damit auch schutzbedürftig, die ein erwartetes und verständliches Verhalten zeigen. Das gilt besonders bei den Tieren, die man persönlich kennt. Wenn Tiere einen Namen haben, dann werden sie zum Individuum, dann geht man anders mit ihm um. Der Eber kriegt einen Namen, da ist auch nur einer da im Stall. Aber die weiblichen Schweine gelten nicht als Individuen, die haben nur eine Nummer, mit denen geht man anders um. Auf diese Weise schafft der Mensch die Distanz, die ihm scheinbar jeden willkürlichen Umgang mit dem Tier erlaubt.

Es ist, wie es ist: Das eine Tier hat Glück und einen Namen, das andere ist »Nummer 56« und hat keinerlei Bedeutung und Wert. Wie das in der Praxis aussieht, weiß Christel Simantke. Sie berät deutschlandweit Landwirte über artgerechte Tierhaltung, vor allem bei Schweinen. Sie wird meist von Landwirten gerufen, die umsteigen und die Öko-Richtlinien umsetzen wollen. Entweder weil sie erkannt haben, dass die Öko-Schweinehaltung für Mensch und Tier die bessere Lösung ist, oder weil sie auf dem Wege der Direkt- oder Regionalvermarktung ihrer Produkte mit Hofbesuchen rechnen müssen, da machen sich gequälte Schweine nicht so gut. Trotzdem: Bislang leben in Deutschland nur ein bis zwei Prozent der Schweine in artgerechter Haltung. Wenn Christel Simantke zu einem Einsatz gerufen wird, ist das also eigentlich ein Grund zum Jubeln – schließlich kann sie dazu beitragen, dass es den Tieren in Zukunft besser geht. Doch oft genug versetzt ihr das, was sie vorfindet, zunächst einen Schock.

Haben Sie bei der Besichtigung von Schweineställen schon mal etwas erlebt, das Ihnen so richtig die Sprache verschlagen hat?

Ja bzw. den Atem genommen: in engen, dunklen und schlecht belüfteten Mastställen mit Vollspaltenböden. Beim Betreten des Stallabteils schlägt sich schon das Ammoniak auf die Atemwege. Auch bei nur 30 Minuten »Besichtigung« bleibt mir das Kratzen im Hals, die brennenden Augen und das Kopfschmerzgefühl noch stundenlang erhalten – und erinnert mich stets an die Haltungsbedingungen so gut wie aller Mastschweine in unserem Land, den Tieren, die weitaus bessere Nasen haben als Hunde, wie schrecklich muss das Leben eines Schweins sein, das ständig die NH_3-Dämpfe einatmen und zudem in sehr enger räumlicher Nähe zu seinen eigenen Ausscheidungen leben muss – als eigentlich sehr reinliches Tier, das seinen Schlafplatz in größtmöglicher Entfernung zum Kot- bzw. Harnbereich anlegen möchte.

Auch Mülltonnen, die den Inhalt an toten Ferkeln nicht mehr fassen konnten und überquollen, sind mir bildlich über Jahre erhalten geblieben. Oder Sauen, eingepfercht in Abferkel-Kastenstände, bei völliger Dunkelheit, nassem Betonboden mit Fäkalien angereichert, ohne einen Halm Stroh – die armen Sauen! Und hier sollen dann Ferkel zur Welt kommen! Oder Schweine im Kot-Matsch-Gemisch, draußen bei minus 15°C ohne ausreichend trockenen Rückzugsbereich.

Woran merkt man denn, dass Schweine leiden?

Das geht von »sich nicht wohl fühlen« bis zur Apathie. Die Sauen haben Verhaltensstörungen, sie wenden sich ab, sind teilnahmslos und trauern.

Welchen Eindruck haben Sie von den Menschen, die täglich das Leiden der Schweine erleben: Sind die abgestumpft?

Ja, sicher sind Menschen, die täglich in Intensivtierhaltungen arbeiten müssen, abgestumpft. Sie sind an die Umstände gewöhnt und erleben sie vermutlich als »normal«. Anders würden sie das gar nicht aushalten können.

Doch es gibt einen neuen Trend: Immer häufiger wird die Frage nach der Individualität und Persönlichkeit von Tieren gestellt. Wissenschaftler untersuchen vermehrt, was sie empfinden, und wollen wissen, worunter sie leiden – das schlägt sich im medialen Blätterwald nieder. Kaum eine Zeitung oder Zeitschrift in jüngster Zeit, die das Thema nicht mit aufnimmt. Berichtet wird beispielsweise von einer neuen Wahrnehmung des Tiers als eigenständiges Wesen, die eine andere Achtsamkeit gegenüber Tieren fordert, »vielleicht sogar Demut«.[12] Es scheint ein Bedürfnis entstanden zu sein, Tiere aller Arten ernst zu nehmen – nicht nur die Menschenaffen, die zu verstehen sich Forscher längst bemühen.

Unsere nächsten Verwandten sind für uns deshalb so spannend, weil wir durch die Erforschung ihres Wesens auch Dinge über uns selbst erfahren, über unsere Evolution, über die Menschwerdung. Dass sie in sozialen Strukturen leben, dass sie Erfahrungen an andere weitergeben und auch unabhängig vom eigenen Vorteil einander helfen, sind nur einige der faszinierenden Erkenntnisse, die gewonnen wurden. Aber inzwischen werden eben auch andere Tiere genauer beäugt. Was sie überhaupt vom Menschen unterscheidet, ist dabei die wesentliche Frage.

Charles Darwin war überzeugt, dass Mensch und Tier wesensgleich seien und ähnliche Emotionen erleben, und widmete dem Thema ein ganzes Buch: »Ausdruck von Gefühlen bei Mensch und Tier«. Und je weiter das Verhalten von Tieren erforscht wird und Ähnlichkeiten zwischen ihrer und unserer Intelligenz und Emotionalität entdeckt werden, umso mehr scheint sich seine These zu bestätigen. Auch Professor Dr. Kurt Kotrschal, Leiter der Konrad-Lorenz-Forschungsstelle für Ethologie in Grünau/Oberösterreich und Professor am Department für Verhaltensbiologie der Universität Wien, beschäftigt sich mit der Frage, wie eng menschliche und tierische Intelligenz und emotionales Verhalten miteinander verbunden sind. Von ihm möchte ich erfahren, woran man Intelligenz bei Tieren überhaupt festmachen kann. Wie definiert man sie?

Prinzipiell ist das nicht anders als beim Menschen auch. Wesentlich ist die Fähigkeit, Probleme zu lösen und Zusammenhänge zu erkennen. Dazu gehört auch, dass man frühere Erfahrungen auf eine neue Situation anzuwenden versteht, man muss Reaktionen richtig einschätzen und vorausplanen. Tierische Intelligenz sollte man immer anhand bestimmter Leistungen messen. Prinzipiell gibt es mehrere Warten, aus denen Intelligenz definierbar ist: Zum einen ist es die Fähigkeit, flexibel zu sein und mit den Herausforderungen, die die Umwelt an mich stellt, umgehen zu können – das gilt sowohl für den Menschen als auch für das Tier. So unterschiedlich sind wir nämlich gar nicht. Nehmen wir mal Menschen und Fische: Beide haben ein episodisches Gedächtnis, können sich also merken, was wann, wo und mit wem erlebt wurde, und entsprechend handeln.

Es gibt aber auch eine spezialisierte Intelligenz – und da sind Tiere den Menschen oft überlegen. Nehmen Sie zum Beispiel die zu den Rabenvögeln gehörenden Häher. Die merken sich bis zu 30 000 Futterverstecke – das könnte der Mensch niemals leisten. Dafür sind Tiere, die zum Beispiel besonders gut bei der Nahrungssuche sind, vielleicht im sozialen Bereich schlecht …

30 000 Futterverstecke! Das erinnert an inselbegabte Menschen, auch »Savants« genannt, die einerseits eine kognitive Behinderung haben, aber auf der anderen Seite schier Unglaubliches leisten können, z.B. innerhalb kürzester Zeit ganze Telefonbücher auswendig lernen. Doch weltweit sind nur rund 100 Menschen mit derartigen Fähigkeiten bekannt. Bei Raben ist das anders, für sie ist so eine enorme Gedächtnisleistung nicht außergewöhnlich. Aufgrund ihrer Intelligenz und der Fähigkeit zum strategischen Handeln sind diese Vögel ins Visier der Wissenschaftler gerückt – und in das einer Kollegin aus der Abteilung »Wissenschaft« des SWR. Sie berichtete mir kürzlich von einer Szene, die sie auf der Straße beobachtet hatte: Ein Rabe platzierte eine Nuss auf der Straße und wartete ab, bis ein Auto drüber gefahren war. Danach kontrollierte er, ob die Nuss geknackt war und wenn nicht, legte er sie erneut auf die Fahrbahn. Angesichts solcher Leistungen und obwohl wir noch viel zu wenig über Tiere wissen und alles vielleicht nie verstehen werden, ist es doch eine Anmaßung, wenn wir immer nur den Mensch als Maßstab der Dinge nehmen – in Sachen Intelligenz, aber auch in emotionaler Hinsicht.

Zu denken gibt auch diese Geschichte, die der indische Arzt und Experte für alternative Medizin und Ayurveda Deepak Chopra in seinem Buch *Die heilende Kraft* beschreibt: In den Siebzigerjahren gab es an der University of Ohio eine Studie zu Herzerkrankungen mit Versuchskaninchen. Den Versuchstieren wurden toxische und cholesterinreiche Substanzen verabreicht. So sollte eine Verstopfung der Arterien hervorgerufen werden, ganz so, wie es bei Menschen passieren kann, wenn sie sich schlecht ernähren. In allen Versuchsgruppen traten dieselben Krankheitssymptome auf, mit einer Ausnahme: In dieser Gruppe registrierte man 60 Prozent weniger Beschwerden, obwohl sie sich äußerlich nicht von den anderen unterschied. Zunächst fand man keine schlüssige Erklärung – schließlich wurden den Tieren dieser Gruppe genau dieselben giftigen Substanzen verabreicht wie den anderen Kaninchen. Nur durch Zufall wurde das große Rätsel gelöst. Der Student, der mit der Fütterung dieser Kaninchengruppe beauftragt war, hielt die Tiere jeweils minutenlang im Arm und streichelte sie, bevor sie das Giftfutter bekamen. Diese intensive Zuwendung hatte den Tieren offenbar geholfen, höhere Widerstandskräfte freizusetzen. Man wiederholte das Experiment mit Kaninchen, die liebkost und solchen, die neutral »abgefertigt« wurden. Die Ergebnisse bestätigten die Wirkung der Streicheleinheiten.

Jenseits der Frage, ob Tiere menschenähnliche Empfindungen haben, beschäftigt sich der britische Biologe und Naturphilosoph Rupert Sheldrake mit einer ganz anderen tierischen Fähigkeit. In manchen Wissenschaftlerkreisen wird Sheldrake als »Galileo des zwanzigsten Jahrhunderts« gehandelt, andere sehen in ihm einen unwissenschaftlichen Spinner – Fakt ist, er untersucht, ob Tiere einen sogenannten siebten Sinn besitzen [genau genommen wäre es natürlich ein sechster Sinn, denn wir zählen ja nur fünf unser Eigen], also ein Gespür für zukünftige Ereignisse. Sheldrake hält es für möglich, dass Tiere über telepathische Fähigkeiten verfügen. Eines seiner Bücher trägt im Original den vielsagenden Titel: *Dogs That Know When Their Owners Are Coming Home.*[13]

Wiederum ganz praktisch wird in der Wissenschaft darüber spekuliert, ob und inwieweit nachgewiesene tierische Fähigkeiten in den Dienst der Menschheit gestellt werden können. Nach dem verheerenden Tsunami im Dezember 2004 stellte man fest, dass in Küstennähe auf Sri Lanka so gut wie keine Tierkadaver gefunden wurden. Man muss davon ausgehen, dass die Tiere das Seebeben rechtzeitig gespürt und sich in Sicherheit gebracht haben. Ein Jahr später zeigte sich eine solche »Vorahnung« auch in einer Schlangenzucht nahe der chinesischen Millionenstadt Nanjing. Wie die Züchter berichteten, begingen die Schlangen eines Tages wie aus heiterem Himmel in ihrem Gehege Selbstmord. Wie besessen schlugen sie ihre Köpfe gegen die Betonwände, bis sie starben.[14] Vier Tage später bebte die Erde mit einer Stärke von 5,2 auf der Richterskala. Inzwischen weiß man, dass Schlangen mit ihrem Innenohr selbst geringste Erschütterungen wahrnehmen können. Doch auch Hühner verhielten sich vor dem Beben auffällig. Chinesische Landwirte beobachteten, wie sie vor dem Erdbeben den Stall verließen und wild umherflatterten.

Die Wertigkeit von Tieren liegt also nicht »nur« darin begründet, dass sie Emotionen erleben, die denen des Menschen ähneln, sondern auch darin, dass sie den Menschen mit der Ausprägung ihrer Sinneswahrnehmung durchaus auch überlegen und vielleicht sogar von Nutzen sein können.

Anders einkaufen

Ich komme gerade vom Einkaufen zurück, als mir meine Mutter über den Weg läuft. Mit Blick auf mehrere Tüten voll Gemüse in meinen Händen fragt sie: »Warum setzt du dich eigentlich so für Tiere ein, dass du sie nicht einmal mehr isst – du magst doch gar keine Tiere?«

Dazu muss ich sagen, dass ich in der Tat übermäßig emotionale Beziehungen zu Tieren nicht nachvollziehen kann und ich z. B. die Sorte perlenbehangener älterer Damen in Baden-Baden, die ihren Pudel oder Chihuahua mit ins Bett nehmen, eher befremdlich finde. Auch um verzogene Haustiere mache ich gerne einen Bogen; obwohl ich keine Angst vor Hunden habe, möchte ich nicht angesprungen werden, und ich streichle auch nicht grundsätzlich jedes dahergelaufene Tier. Aber meine Mutter liegt trotzdem falsch in der Annahme, ich würde Tiere grundsätzlich nicht mögen. Darauf gehe ich jetzt aber gar nicht ein und ich antworte ihr stattdessen: »Ich mag ja auch nicht jeden Menschen und trotzdem muss ich ihn deshalb nicht aufessen.« Ich bin nicht so sicher, ob meine Mutter dieses Argument akzeptiert.

In der Küche packe ich in Ruhe meine Einkäufe aus. Drei randvolle Tüten für schlappe 26 Euro. Selten zuvor war Ernährung so billig. Was nicht daran lag, dass ich vorher so wahnsinnig viel Fleisch gegessen hätte, sondern eher daran, dass das wenige eben Qualitätsfleisch vom Metzger sein musste. Natürlich fällt der Einkauf dann teurer aus, als wenn man abgepackten Formschinken mit Transglutaminase-Kleber oder Billigfleisch ungeklärter Herkunft für € 2,99 das Kilo in den Einkaufswagen wirft. Für diejenigen, die so einkaufen, ist der Fleischverzicht aus ökonomischen Gründen also leider kein Argument …

Eingekauft hatte ich Obst (Melonen, Grapefruit, Kiwis – ökologisch korrekt gewesen wären Äpfel, Birnen und Erdbeeren, eben Früchte der Saison aus lokalem Anbau, aber ich will mich mit der neuen Ernährung nicht gleich überfordern) und Gemüse (Spargel, Pilze, Tomaten). Außerdem Milch, Buttermilch, körnigen Frischkäse und Mozzarella. Meine ersten Alternativen zum Fleisch. Auch die Maultaschen sind heute natürlich die mit Gemüse gefüllten.

Dabei wurden die typischen, mit Fleisch gefüllten Maultaschen früher sogar von Mönchen als »vegetarische Kost« verkauft, die man auch getrost am fleischlosen Freitag essen durfte. »Herrgottsb'scheißerle« nennt man sie im Schwäbischen. Der Legende nach sollen sie im schwäbischen Kloster Maulbronn von einem Laienmönch mit Kochambitionen erfunden worden sein. Der hatte die Idee, zu Kräutern, Spinat, Brot und Eiern auch Fleisch zu mischen. Damit es keiner sah, überzog er die Mischung mit Nudelteig – und hatte damit innerhalb und außerhalb der Klostermauern enormen Erfolg. Ein klassischer Fall von Doppelmoral, ebenso wie die Ernennung des Bibers zum Fisch oder auch dem fleischlosen Freitag, an dem aber Fisch gegessen werden darf, als wäre er kein Lebewesen.

Während ich mir darüber Gedanken mache, klingelt mein Handy: Die Ergebnisse meiner Blutuntersuchung sind da! Zwanzig Minuten später sitze ich gespannt in der Praxis meiner Hausärztin. Erhöhter Cholesterinspiegel. Aber: Das Verhältnis des schädlichen LDL zum gutem HDL ist sehr günstig und somit der Gesamtquotient gut. Die Ausgangssituation für meine »Kostprobe« ist also nicht schlecht. Und vielleicht kann aus gut ja noch hervorragend werden?

Wie ich einmal eine Maultasche nicht probiere

Eigentlich soll es eine unterhaltsame *Planet Wissen*-Sendung über Nudeln werden. Besonders schön für mich als begeisterten Pastafan. Doch plötzlich wird die Aufzeichnung zur großen Herausforderung: Das Drehbuch sieht vor, dass Sterneköchin Cornelia Poletto Maultaschen mit einer Füllung aus Roter Bete und Labskaus zaubert und, natürlich, dass die Moderatoren mit ihr an einem gedeckten Tisch sitzen und die Maultaschen kosten. So ein Essen am Ende einer Sendung ist normalerweise ein Highlight, auf das wir Moderatoren uns riesig freuen. Aber was mache ich Vegetarierin nachher mit den Maultaschen?

»Du, Maultaschen sind für mich eigentlich tabu«, sage ich dem Regisseur. Seine Reaktion bringt mich der Antwort auf die Frage wieder ein Stückchen näher, weshalb viele Vegetarier keine großen Worte über ihre Motive verlieren, warum viele einfach sagen: »Es schmeckt mir nicht.« Es ist schlicht der einfachste Weg, Diskussionen aus dem Weg zu gehen. Man muss sich nicht rechtfertigen, denn über Geschmack lässt sich nicht streiten. Über alles andere schon. Ungläubig, fast schon entsetzt, entgegnet also der Regisseur: »Wie, du bist Vegetarier? Das geht aber nicht!«, und ich ahne, dass ich so einfach nicht davonkommen werde. Meine Antwort auf seine nächste Frage: »Seit wann, um Gottes willen, isst du denn kein Fleisch mehr?« hätte ich wohl besser abwägen sollen. Als ich nämlich wahrheitsgemäß von ungefähr einem Monat spreche, habe ich schon so gut wie verloren. »Ach so. Dann ist es ja kein Problem.« Ganz nach dem Motto: Wenn du es vor einem Monat noch essen konntest, dann geht es jetzt auch noch, zier dich gefälligst nicht so!

Frischgebackene Vegetarier haben es eindeutig schwerer als frischgebackene Nichtraucher. Kein Mensch würde einen solchen dazu auffordern, doch noch einmal einen Zug zu nehmen, weil es sich gerade anbietet. Aber ich lasse mich nicht von meinem Weg abbringen. Nach langen Überlegungen einigen wir uns auf diesen »Notfallplan«: Am Ende der Sendung werde ich die Maultasche mit Messer und Gabel bearbeiten und dann wird mir noch etwas ganz Wichtiges einfallen, so dass ich – quasi von meinem Gedanken selbst überrascht und überwältigt – Messer und Gabel wieder niederlegen und die eine bedeutende Frage stellen werde, die mich dann inklusive Antwort beschäftigt, bis die Sendezeit um ist und der Abspann läuft! So werde ich dann leider nicht mehr die sicherlich hervorragende Maultasche probieren können.

Für dieses Mal bin ich gerettet. Doch in Zukunft gilt es besser zu überlegen, was ich antworte, wenn jemand wissen will, seit wann ich Vegetarierin bin und warum. Jedes Mal erklären, weshalb das nun so ist, ist auf Dauer zu mühsam. Vielleicht sage ich einfach: »Es ist halt so« oder: »Mir wird von Fleisch schlecht.« Ich verstehe jedenfalls immer besser, weshalb Vegetarier keine Lust auf viele Worte haben.

TEIL 3

So weit, so gut

Ich gebe es zu: Als mir heute, an diesem ersten schönen Sommerabend im Jahr 2010 klar wird, dass Grillen für mich ab sofort tabu sein wird, ist die Enttäuschung groß. Mir gehen verdächtige Gedanken im Kopf herum: Könnte ich mein Experiment nicht verschieben? Wäre es nicht überhaupt viel sinnvoller, nach dem Sommer damit anzufangen, wenn die Grillsaison vorüber ist? Schließlich bin ich ja noch nicht so lange dabei – es wäre also nicht viel verloren … Doch auf die Frage meines Sohnes: »Möchtest du mit uns grillen?« höre ich mich mit leichter zeitlicher Verzögerung antworten: »Ich esse doch kein Fleisch mehr.« – Und wirke dabei sicher ein wenig missmutig. Dieser Eindruck dürfte sich wohl verstärken, als ich in der Küche entdecke, was Nicolas alles eingekauft hat: marinierte Steaks und Putenschlegel in roter, grüner und gelber Sauce, mit Kräutern, Senf- und Pfefferkörnern. Den Grill hat er schon angeworfen und allein der Geruch der Holzkohle ruft jede Menge schöne Erinnerungen hervor: an Lagerfeuer mit leckerem Fleisch in allen Variationen und herrlichen Salaten dazu. Und jetzt? Ein Grillabend im Garten für mich nur mit Salat? Soll ich überhaupt zu den anderen in den Garten gehen, nur um still vor mich hin zu leiden? Unter diesen Umständen halte ich es für besser, einen asketischen Abend im Haus zu verbringen.

Da packt Nicolas die letzte Tüte aus und sagt: »Ich habe dir Feta mitgebracht! Den kann man auch grillen.« Das ist eine Idee! Man legt den Feta in Knoblauch und Kräuter ein – z. B. frischen Rosmarin und Salbei –, gibt Olivenöl darüber und packt alles in Alufolie. Außerdem könnte man doch auch Gemüse würzen und grillen. Ich schöpfe neuen Mut. Meine spon-

tanen neuvegetarischen Ideen zum Thema »fleischlos grillen«
sind vielleicht nicht besonders kreativ, aber dafür, dass ich
noch vor zwei Minuten keine einzige hatte, finde ich das Ergebnis nicht schlecht. Wenn man nachdenkt, dann gibt es auch
auf die Schnelle ein paar Alternativen zum Fleisch. Die Frage
ist nur: Werden sie ausreichen, die Fleischeslust zu bändigen?
Ich bin mir im Augenblick nicht sicher. Und da ich nichts ris-
kieren will, bleibe ich am Ende an diesem lauen Sommerabend
vorsichtshalber doch im Haus und nehme dankbar Nicolas'
Angebot an, mir den gegrillten Feta später hochzubringen. Die
anderen frönen unbeeindruckt dem größten Volkssport der
Deutschen: Grillen!, und dass ich nach eineinhalb Stunden immer noch auf den Feta warte, sei nur nebenbei erwähnt …

Während ich also warte, wird mir klar: Auf Dauer ist un-
freiwillige Abwesenheit keine Lösung. Der Sommer ist lang,
gegrillt wird überall und ich kann mich ja nicht immer zu
Hause einsperren, nur um nicht schwach zu werden. Wie machen das die richtigen, langjährigen Vegetarier? Weil ich schon
am Computer sitze, schaue ich gleich mal im Internet nach.
Die Homepage des VEBU, des Vegetarierbundes Deutschland,
macht Hoffnung. Hier ist man gerüstet für Fälle wie mich.
Eine große »Vegetarisch grillen«-Sommeraktion 2010 zeigt
praktische Einkaufstipps und Rezepte. Am besten gefällt mir
der Satz: »Die Zeiten sind längst vorbei, in denen Vegetarier
beim Grillen, außer Kartoffeln oder Äpfeln aus der Glut, mit
leeren Händen dastanden.«[15] Und was man alles grillen kann
… wenn man darauf vorbereitet ist: Soja-Würste und Kicher-
erbsen-Taler, Veggie-Steaks und Tofu-Pads …

Ich werde mich nächste Woche eindecken mit Tofu in allen
Variationen, kein Tofu soll sicher vor mir sein, ich werde alles
probieren. Tofu hat ja inzwischen einen tollen Umsatz und es
gibt ihn in jedem Supermarkt. Ein schönes Zeichen. Und eines, das mich immer dann zum Nachdenken bringt, wenn ich
in den Discountern mal wieder Menschen sehe, die einen voll-

gepackten Wagen vor sich herschieben mit kiloweise einge-schweißtem Billigfleisch. Leider scheint sich auch der Zusammenhang zwischen Ernährungsgewohnheiten und der äußerlichen Erscheinung zu bestätigen. Wie wäre es mit einer Einkaufswagenpolizei, die kurzerhand die Fleisch- und Wurstberge aus dem Wagen entfernen und ihn mit Obst, Gemüse und Müsli füllen würde? Eine nette Vorstellung, aber ich will ja nicht missionieren.

Die Ärzte würden diese Idee allerdings sicher unterstützen. Denn wir wollen uns mal vor Augen halten, wie sehr die Gesundheit unter übermäßigem Fleischkonsum leidet: Er kann Gicht auslösen, die Harnsäure im Blut, der Cholesterinspiegel und der Blutdruck steigen. Außerdem ist Fleisch schlecht für all diejenigen, die unter Nieren- und Lebererkrankungen leiden. Manche Ernährungswissenschaftler sagen sogar, man sollte nicht mehr als 350 Gramm Fleisch pro Woche essen. Wenn man mal in Rezepten nachliest, sieht man, dass in der Regel mit rund 150 Gramm Fleisch pro Person für ein Essen kalkuliert wird. Das heißt also maximal zwei Mal Fleisch pro Woche – natürlich ohne zusätzliche Wurst zum Frühstück oder Abendessen, denn sonst kommt man auf deutlich mehr. Auch die »Deutsche Gesellschaft für Ernährung e.V.« empfiehlt noch circa 300 bis 600 Gramm Fleisch wöchentlich. Der »Bundesverband der deutschen Fleischwarenindustrie e.V.« richtet sich allerdings nach anderen Mengen: »Gichtpatienten sollten pro Tag nicht mehr als 100 bis 150 Gramm Fleisch essen« heißt es von dieser Stelle.[16] Das klingt im ersten Moment wie eine gut gemeinte Warnung vor zu viel Fleisch. Doch zusammengerechnet ergibt diese Richtlinie bis zu 1050 Gramm pro Woche für Menschen mit Gicht – dreimal mehr, als manch ein Ernährungswissenschaftler gesunden Menschen empfiehlt. Seriöse Informationspolitik für den Verbraucher sieht anders aus. Hier wird wohl um jeden Fleischesser gekämpft.

Die »Nationale Verzehrstudie II« des Max Rubner Instituts[17], eine Erhebung der Ernährungssituation der Bevölkerung, kam 2008 zu der Erkenntnis: Der Fleischkonsum sinkt mit steigendem Bildungsniveau und Einkommen. Die Wohlhabenden und Diplomierten essen am wenigsten Fleisch, während in den bildungsfernen und in ärmeren Haushalten munter weiter Schnitzel und Wurst verspeist werden. »Fleisch droht zum Unterschichtsprodukt zu werden«, sagt auch Achim Spiller, Professor für Lebensmittelmarketing an der Universität Göttingen. Auf der anderen Seite gibt die Feststellung Anlass zur Freude, dass die fleischlose Lebensart gerade bei den Jungen und Erfolgreichen zur Mode wird. Auch wenn sich nicht genau beziffern lässt, wie viele Vegetarier es derzeit in Deutschland gibt, so ist doch die Tatsache vielversprechend, dass es die Gebildeten und Jüngeren sind, also die »Trendsetter«, die sich vegetarisch ernähren. Dadurch ist es gar nicht abwegig, dass sich diese Lebensart, wenn auch nicht immer in ihrer Reinform, langfristig in weiten Teilen der Gesellschaft durchsetzen wird.

Soweit meine Recherche, während draußen weiter gegrillt wird. Endlich kommt dann auch Nicolas mit einer kleinen Auswahl vegetarischer Produkte auf dem Teller. »Leider war aber gerade der Feta so lecker …«, erklärt er mir die Tatsache, dass davon nur noch ein kleines Stückchen für mich übrig geblieben ist. Er stellt den Teller leicht schuldbewusst auf meinem Schreibtisch ab und geht wieder in den Garten. Inzwischen ist die Dämmerung hereingebrochen und das archaische Lebensgefühl, das so ein Grillfeuer im Freien entfacht, erreicht seinen Höhepunkt. Ich betrachte das Treiben von oben ein bisschen wehmütig. Musik, Gelächter, man sitzt nah am Feuer, denn noch ist es kühl am späteren Abend. Wie sieht das gemütlich aus: die Glut, die Stimmung. Nun ja. Ich bemühe mich, meine in Alufolie eingewickelte, mittlerweile kalte Mischung aus Paprika, Zucchini und Tomate und das kleine

Stückchen Feta zu genießen. Immerhin freue ich mich, dass ich für mich eine Antwort auf die plumpen Marketingstrategien der Fleischwarenindustrie gefunden habe. Und so wie mir geht es immerhin – nach Angaben des Vegetarierbundes – sechs Millionen Vegetariern in Deutschland. Das ist ein großartiges Gefühl: Ich bin dabei!

Letztlich hat mich die spontane Grillaktion eines gelehrt: Meine Vorbereitung auf das Projekt »fleischlos leben« war mangelhaft. Nicht nur Fragen zur gesunden vegetarischen Ernährung sind noch vollkommen offen, auch ein gewisses Krisenmanagement muss durchdacht werden. Zum Beispiel, wenn es um die Genüsse jenseits des Alltäglichen geht – für mich würde dazu neben dem Grillen das herbstliche Martinsgans-Essen oder ein weihnachtliches Fondue gehören. Muss ich all das ersatzlos streichen? Da muss es doch auch was geben. Kann Tofu der Retter meiner »Gaumen-Genüsse« werden? Was kann er mir bieten? Ich will ihn näher kennen lernen.

Mein neuer ständiger Begleiter:
Tofu

Ich besuche den größten Bio-Tofu-Hersteller Europas: die »Life Food GmbH«. Geschäftsführer Wolfgang Heck ist ein Vorkämpfer der deutschen Tofu-Szene. Seine Tofu-Geschäftsidee entstand Mitte der Achtzigerjahre aus dem Wunsch, ein Produkt herzustellen, das seinen ethischen Ansprüchen gerecht und ohne Mast und die Ausbeutung von Tieren auskommen würde. Inzwischen hat Wolfgang Heck ein großes Firmengelände vor den Toren Freiburgs und über 160 Mitarbeiter. Bevor wir uns in sein Büro setzen, gehen wir in die firmeneigene Kantine, in der täglich ein frisch zubereitetes vegetarisches 3-Gänge-Bio-Mittagessen angeboten wird. Die Salate und Gemüse kommen vom Biobauern oder aus dem Naturkosthandel. Auf dem Speiseplan steht natürlich auch Tofu, täglich in verschiedenen Variationen. »Tofu war in Japan oder China nie Fleischersatz wie bei uns, es war Grundnahrungsmittel, Basis. Es hat einfach dazugehört, so in etwa wie bei uns – häufig – das Fleisch«, sagt Wolfgang Heck, während wir uns in der Kantine noch einen Tee holen. Ich kann mich unter den vielen asiatischen Geschmacksrichtungen kaum entscheiden. Es herrscht ein besonderer Geist in diesen Räumen, der leckeres Essen, Lifestyle, Gesundheit und Wohlbefinden vereint.

Von hier kommen also die Tofu-Produkte, die ich in der Vergangenheit schon oft in Reformhäusern gesehen und natürlich auch manches Mal gekauft habe. Hinter Wolfgang Hecks Schreibtisch hängt ein riesiges Poster mit einer erfrischend grünen Waldlandschaft – die Natur ist hier omnipräsent. Wolfgang Heck ist ein sympathischer Badener, dem ich sofort abnehme, dass er das, was er anpackt, aus Überzeugung und Leidenschaft tut. Ob es der Kampf gegen die Gentechnik ist oder das Fair-Trade-Projekt in Südbrasilien, das die Zukunft von rund 300 Kleinbauern sichert, die dort nach Demeter-Richtlinien Soja anbauen. Meinen »Sweet Chili Yogi«-Tee schlürfend und voller Eindrücke will ich nun alles wissen über das Produkt, das in Zukunft meinen Fleischappetit dämpfen und dabei sogar noch gesund sein soll. Daher liegt die erste Frage auf der Hand:

Was genau ist denn überhaupt Tofu?

»To« heißt »Bohne« und »Fu« einfach nur »gerinnen«, also »geronnene Bohne«. Insofern ist Tofu keine Bohne, sondern das Produkt, das man aus der Bohne herstellt: ein Sojabohnen-Käse. Hochwertiges Sojaeiweiß wird konzentriert und da es geschmacksneutral ist, lässt es sich danach in alle möglichen Richtungen verfeinern.

Und wie wird Tofu hergestellt?

Über Nacht werden die Sojabohnen gewässert. Dann werden sie zusammen mit Wasser in einer Mühle gemahlen, sodass eine Art Brei daraus wird. Dieser wird auf ungefähr 100 Grad aufgekocht und anschließend werden die Faserstoffe und Schalenanteile ausgesiebt. Dadurch erhält man einen sehr dicken Sojabohnen-Saft. Manche sagen dazu auch Sojamilch. In diesen Saft gibt man einen Auszug aus Meersalz – so machen es jedenfalls die Japaner. Die Chinesen nehmen traditionell Kalziumsulfat, also gereinigten Gips aus den Bergen, die Japaner eben Magnesiumchlorid, weil sie wenig Gips im eigenen Land haben, dafür aber reichlich Meersalz. Man kann tatsächlich beides nehmen und es sogar mischen.

Ich kenne Gips eigentlich eher von der Baustelle …
Was macht der Gips mit dem Sojabohnensaft?

Gips reagiert sauer. Man könnte auch Zitrone nehmen oder Essig. Aber mit Gips ist das Ergebnis besser und schmackhafter. Dieser spezielle Gips, chemisch heißt er Kalziumsulfat, ist noch mal was anderes als Baustellengips, der ja nicht gereinigt ist. Kalziumsulfat ist für die Lebensmittelherstellung geeignet und lässt den Sojasaft perfekt gerinnen. Es kommt letztlich zu einem Ausflocken des Sojaeiweißes. Die dabei entstehende Molke filtert man heraus und dann presst man das konzentrierte Eiweiß, also den Tofukuchen, so lange, bis er schön fest ist. Tofu ist letztlich nichts anderes als ein pflanzlicher Käse.

Ist denn Sojabohne gleich Sojabohne?

Nein. Es gibt Sojabohnen für Futterzwecke und solche für die menschliche Ernährung. Die Japaner und die Chinesen haben traditionell ihre Produkte für den Menschen entwickelt. Sie wollten das Produkt nicht erst »durch das Tier laufen« lassen, um durch den Verzehr des Tieres an das Eiweiß zu kommen. Sie wussten, dass es ein hoher Verlust ist, Tiere mit hochwertigem Eiweiß zu füttern, um sie dann aufzuessen. Erst die Amerikaner mit ihren großen Anbauflächen kamen auf die Idee, Futtersojabohnen in großem Stil zu entwickeln.

Es gibt also einen Unterschied zwischen der Bohne, die für die Futterherstellung genutzt wird, und derjenigen, die wir essen?

Ja, da ist ein großer Qualitätsunterschied. Bei der Futterbohne achtet man auf Quantität und dass sie einfach ohne großen Aufwand anzubauen ist. Es gibt über 2000 zugelassene Sojabohnensorten und die meisten dieser Sorten werden für die Futterherstellung gezüchtet – die guten Qualitäten sind eher selten.

Was ist denn nun alles Gesundes drin im Tofu?

Sehr gutes und leicht verdauliches Pflanzeneiweiß, das in der Wertigkeit mit einem guten Fleischeiweiß vergleichbar ist. Wenn ich Menschen gut ernähren möchte, kann ich nicht sagen, fleischliches Eiweiß ist besser als das aus dem Tofu. Das ist wissenschaftlich unumstritten. Tofu ist reich an ungesättigten Fettsäuren und außerdem Lieferant für B-Vitamine, Mineralstoffe und sogar Eisen.

Wie viel Soja sollte man denn essen?
Gibt es da Empfehlungen?

Die konventionelle Industrie hat irgendwann erkannt, dass Soja sehr gefragt ist. Daraufhin hat man es überall reingetan: in Kekse, ins Müsli, in Fertigmenüs und in Suppen. Aber dreimal am Tag Soja, das ist übertrieben. Unter gesundheitlichen Aspekten würde man sagen: Iss zweimal die Woche Tofu, das reicht. Der enorme Sojahype war des Guten zu viel. Das richtige Maß zählt.

Was kann denn daran schädlich sein, wenn man zu viel Tofu bzw. Sojaprodukte zu sich nimmt?

Die Verhältnisse stimmen dann nicht mehr. Wir haben dann einen Eiweißüberschuss, den der Körper nicht brauchen kann. Er muss ihn mit hohem Aufwand loswerden oder wandeln. Eigentlich ist das ein sinnloser Prozess, der unnötig Schilddrüse, Nieren und andere Organe in Mitleidenschaft ziehen kann. Ausgewogene Ernährung dagegen bedeutet: einen guten Mix bereitzustellen und sich nicht einseitig über längere Zeit ernähren.

Verraten Sie Ihr Tofu-Lieblingsrezept?

Ich nehme einen ganz normalen Tofu und tupfe ihn mit einem Papierhandtuch ab, damit er schön wasserarm ist. Dann schneide ich ihn in ungefähr 2 cm große Würfel und brate ihn an, in einer Pfanne mit Bratfett, beispielsweise Kokosfett, Palmöl oder auch Ghee. Ich brate ihn so lange, bis eine schöne braune, krosse Kruste entsteht, und wende ihn mehrmals. Dann hat der Tofu einen richtig tollen Biss. Ich nehme die Pfanne vom Herd und gebe nun einen ordentlichen Schuss Shoyu [Sojasauce] dazu. Tofu und Sojasauce sind quasi wie Bruder und Schwester. Wenn ich den Tofu jetzt nochmals gut wende, nimmt er die Sojasauce richtig schön auf. Die würzige Sauce mit dem Tofu, der von Haus aus ja geschmacksarm ist, bildet eine wunderbare Einheit, ein ideales Verhältnis zwischen Geschmack und Konsistenz. Wenn man die Würfel danach noch in geröstetem Sesam wälzt, dann wird daraus mein Lieblingsessen.

Was bin ich jetzt eigentlich?

Fleisch und Fisch und Geflügel sind für mich tabu, Milch und Käse aber erlaubt: Das sind sie, die Regeln, die ich für mich aufgestellt habe. Nach und nach beschleicht mich der Verdacht, dass ich mir genau damit auch Feinde mache – beim »Stöbern« in Internet-Foren bin ich nämlich auf eine Gruppe sehr überzeugter Veganer gestoßen. Ihre Seite heißt »Vegetarier sind Mörder«[18]. Das ist ganz schön bitter. Veganer sind Menschen, die kein Tier essen, aber auch den Verzehr von Milch, Käse und Honig sowie die Verwendung von Leder kategorisch ablehnen. Veganer wollen nicht nur keine Tiere töten und essen, sondern auch Tiere nicht ausbeuten. Grundsätzlich ist das ja vorbildlich, aber muss diese Gruppe mich, die ich gerade so bemüht meine ersten vegetarischen Schritte unternehme, gleich so sehr verachten? Wenn die Veganer im Onlineforum wüssten, dass ich noch nicht einmal eine »politisch korrekte« Ovo-Lacto-Vegetarierin bin … eher (noch) eine »Puddingvegetarierin«. Damit ist nicht, wie ich früher mal angenommen hatte, eine besonders seltsame Spezies von Pudding essenden Vegetariern gemeint – damit könnte ich mich auch anfreunden –, sondern Menschen, die nicht ganz so strikt sind in der Umsetzung der vegetarischen Idee, die durchaus auch mal Fertigprodukte und Süßigkeiten essen. Fertigprodukte esse ich zwar eher selten, aber Süßigkeiten sind meine Leidenschaft … Schokolade vor allem.

Da ich auf der Suche nach einem gangbaren Weg bin – für die Tiere, das Klima, die Welt, aber eben auch für mich –, möchte ich auf Milch und Käse und Süßigkeiten nicht verzichten. Damit bin ich zwar von der Königsklasse des Veganismus noch weit entfernt, aber immerhin auch kein »Flexitarian«, laut Diskussionsforumsdefinition eine (verabscheuungswürdige) Spezies, die sich durch Inkonsequenz auszeichnet. Es sind Gelegenheitsvegetarier, die nicht ständig Fisch und Fleisch essen, aber eben manchmal.

Grundsätzlich kann man also sagen, dass der Vegetarier nichts vom toten Tier isst, der Veganer auch nichts vom lebenden. Aber dann gibt es auch noch Mischformen ... Zeit, ein paar Begriffe zu klären:

- Ovo-Vegetarier meiden Fleisch, Fisch und Milch, essen aber Eier
- Lacto-Vegetarier meiden Fleisch, Fisch und Eier, trinken aber Milch
- Lacto-Ovo- oder Ovo-Lacto-Vegetarier meiden Fleisch und Fisch, essen aber Eier und trinken Milch
- Veganer meiden alle vom Tier stammenden Produkte, also Fleisch, Fisch, Milch, Eier und Honig; außerdem auch Leder.
- Pescetarier essen kein Fleisch, aber Fisch. Sie bezeichnen sich zwar gerne selbst als Vegetarier, Vegetarier sehen das aber anders.

Was also mich betrifft: Puddingvegetarierin, ernsthaft bemüht und auf dem Weg zur Ovo-Lacto-Vegetarierin. Stellt sich die große Frage: Wie werde ich es richtig?

Gesunde Ernährung für Vegetarier

Nachdem ich schon seit Wochen so vor mich hin lebe, ohne mich ernsthaft mit dem Thema »gesunde Ernährung« beschäftigt zu haben, ist es höchste Zeit, das nachzuholen. Ich brauche gute Information und praktische Tipps und die besorge ich mir von der Apothekerin meines Vertrauens: Annette Cremer aus Kreuzau bei Düren. Ich kenne niemanden, der sich sowohl beruflich als auch im Alltag intensiver mit Ernährungsfragen beschäftigt wie sie. Als Apothekerin hat sie außerdem Fachausbildungen zu den auf diesem Gebiet wichtigen Themen Ernährungsberatung, Homöopathie und Naturheilverfahren gemacht. Und als Hausfrau und Mutter zweier Kinder hat sie immer Tipps für gutes, gesundes Essen, auch wenn es mal schnell gehen muss. Dass Annette, eine Frau in ihren Vierzigern, eine höchst attraktive, sportliche Frau ist, ist natürlich ein weiterer Grund, dass ich sie für genau die Richtige halte, um mich in die hohe Kunst der gesunden Ernährung einzuweihen.

Fangen wir mal ganz grundsätzlich an: Wie sollte eine gesunde Ernährung aussehen?

So bunt wie möglich! Alles, was Farbe hat, ist gesund. Eine ganz einfache Regel heißt: viel rot, gelb und grün essen. Es sollte möglichst frisch und unverarbeitet sein – also nichts aus der Tüte. Wobei bestimmte Lebensmittel in tiefgekühltem Zustand mindestens genauso gut sind. Beeren zum Beispiel oder Brokkoli. Außerdem sollte man möglichst vollkörnig essen. Also Getreide, Brot oder Reis – im Grunde die kohlehydrathaltigen Lebensmittel. Die Lust auf was Süßes sollte man mit Natürlichem statt mit raffinierten Kohlenhydraten befriedigen. Insofern keine Fertigprodukte wie Sahne-, Grieß-, Fruchtzubereitungsprodukte. Die sind gesundheits- und ernährungstechnisch betrachtet Müll.

Was ist wichtig bei vegetarischer Ernährung?

Wichtig ist, auf eine gute Versorgung mit Mineralstoffen und Spurenelementen zu achten. Also: Kalzium, Eisen und Jod – vor allem bei Heranwachsenden ist das zu beachten. Wesentlich sind natürlich Vitamin B_{12} und Folsäure. Beides sind stark licht- und hitzeempfindliche Vitamine. Wobei der gesunde erwachsene Mensch einen Vitamin-B_{12}-Speicher hat – Menschen, die sich früher normal ernährt haben, können ca. zehn Jahre aus diesem Speicher schöpfen. Ältere Menschen, Kinder, Schwangere und Stillende sollten sich allerdings vor einer solchen Ernährungsumstellung ärztlichen Rat einholen.

Und DIE optimalen Lebensmittel für Vegetarier?

Pflanzliche Eiweißspender wie Sojaprodukte und Hülsenfrüchte. Sanddornprodukte sind ideal zur Vitamin-C-Versorgung. Die sind gesund und sehr lecker mit Quark, rechtsdrehendem Naturjoghurt oder Buttermilch. Sanddorn ist gut für die Vitamin-C- und B_{12}-Versorgung und in Milchprodukten ist Kalzium. Auch Sauerkraut ist toll, weil es viel Vitamin C und B_{12} enthält.

Vielleicht können wir mal beispielhaft einen Tag durchgehen? Zunächst das Frühstück!

Jedes Frühstück sollte Obst enthalten, getrocknetes oder frisches, denn Vitamin C verbessert die Eisenresorption. Eine tolle Kombination für ein Müsli wären Buchweizen, Amaranth und Hirse. Dazu gemahlene Nüsse, ideal sind Mandeln, die besonders viel Kalzium enthalten. So ein Müsli ist auch gut geeignet für Menschen mit Glutenunverträglichkeit. Es bringt eine lang anhaltende Sättigung und ist mineralstoff- und vitaminreich. Und: Der Vegetarier bekommt viel Eisen durch die Hirse. Alle Getränke sind erlaubt, auch Kaffee. Wenn es Tee sein soll, dann am besten Grünen Tee oder Kräutertee, z. B. Brennnesseltee. Der enthält Kieselsäure und unterstützt das Bindegewebe.

Was ist mit dem Mittagessen – vor allem, wenn es schnell gehen muss?

Es gibt so ein paar schnelle, einfache Gerichte, die aber echt lecker sind: Zum Beispiel mache ich gerne eine Gemüsebrühe, in die ich ein verquirltes Ei gebe und einige Kräuter. In die Suppenschale kommt ein in Stücke geschnittener Harzer Käse. Darauf dann die dampfende Suppe. Das ist toll für den Eiweißhaushalt! Oder ich nehme Hirse, koche sie in Gemüsebrühe, so wie Reis auch, und gebe sie mit blanchiertem Gemüse in eine Auflaufform. Das Ganze überbacke ich mit Käse. Man kann die Hirse aber auch süß essen. Dann in Wasser kochen und mit Mus, Zimt oder Beeren essen. So oder so ist Hirse ein guter Eisen- und Kieselsäurespender! Ideal passt dazu ein Salat. Die Salatsauce bereite ich gerne Anfang der Woche schon vor, mit Buttermilch als Grundlage, Kefir oder Naturjoghurt. Je nach Geschmack angereichert mit Kräutern, frisch gehacktem Ingwer oder klein gehackten Oliven. Man kann auch eine Scheibe Hartkäse in kleine Würfelchen schneiden. Dazu Senf, Essig – mild, z. B. Apfelessig. Aber bitte kein Olivenöl, weil das im Kühlschrank hart wird. Das muss man frisch drauf tun.

Wir kommen zum Abendessen. Der Deutsche braucht sein Butterbrot. Geht das überhaupt, wenn es gesund sein soll?

Das ist okay, wenn man auf ein paar Dinge achtet. Zum Brot: Es sollte aus dunklem, nicht durch Malzzucker gefärbtem, möglichst vollem Korn bestehen. Denn gerade in den Randschichten des Korns sind all die wertvollen Inhaltsstoffe, wie zum Beispiel die B-Vitamine, enthalten. Roggen und Dinkel sind für Umsteiger gut, weil die besser verdaulich sind. Der Darm sollte sich langsam umstellen können, wenn man bisher nur Weißbrot oder Graubrot gegessen hat. Vollkornbrot hat den großen Vorteil, dass es den Blutzucker länger stabil hält. Auf das Brot kann man statt Butter auch Senf, Tomatenmark oder einen selbst gemachten Dipp schmieren. Für diesen könnte man als Grundlage glatt gerührten Quark nehmen mit allem, was Kühlschrank und Fantasie so hergeben. Für mich sind das frisch gehackte Kräuter von der Fensterbank oder gemischte Kräuter aus der Tiefkühltruhe: Dill, Schnittlauch, Petersilie, Liebstöckel, Salz und Pfeffer; oder wer es asiatisch liebt, hackt sich Ingwer klein und gibt Curry, Cumin, also Kreuzkümmel, oder Kurkuma dazu. Das sind alles sehr verdauungsfördernde und wärmende Gewürze – die Inder machen das seit Jahrtausenden. Obendrauf kann man noch ein hartes Ei packen. Man kann auch passierte Tomaten mit Kräutern und klein gehackten Gürkchen mischen und das in Hüttenkäse einrühren. Dazu noch 2-3 TL Leinsamen – geschrotet oder das ganze Korn – und Radieschen und Paprika. Das ist ein wunderbarer Brotaufstrich, den ich manchmal auch direkt mit dem Löffel esse. Gerade abends wäre das gut, um nächtliche Knochenabbauprozesse aufzuhalten.

Und wenn ich nach dem Abendessen was knabbern will?

Ich mache mir immer eine eigene Mischung aus Nüssen und Samen, die ich vorher fettfrei in einer großen Pfanne anröste. Zuerst Kürbiskerne, dann Pinienkerne, Sonnenblumenkerne, Leinsamen, Mohn, Sesam und gehobelte oder gehackte Mandeln. Man sollte unbedingt dabei bleiben, das brennt ganz schnell an. Dann alles auskühlen lassen – es duftet dadurch herrlich im ganzen Haus! Diese Mischung packe ich dann in eine Blechdose. Die Nüsse sind kleine Vitaminbomben und die natürlichste Art, Vitamin E zu sich zu nehmen. Gerade für Sportler ist das ideal, denn es ist nicht nur leckeres Brainfood, sondern enthält auch den Anti-Stress-Mineralstoff Magnesium. Der ist gut für Muskeln und die Regeneration nach sportlicher Betätigung. Und es ist salzarm. Man kann diese Mischung wunderbar beim Fernsehen knabbern statt Chips! Oder einfach über jeden Salat kippen!

Was würdest du mir sonst noch empfehlen, wenn ich zu dir in die Apotheke komme?

Schüßlersalz Nr. 3 [Ferrum Phosphoricum] D 12. Es erhöht die Aufnahmefähigkeit der Zellen für Eisen und ist deshalb sinnvoll, weil es für unseren Körper schwerer ist, Eisen aus rein pflanzlicher Ernährung aufzuschließen und zu verwerten.

Keine weiteren Fragen, Frau Apothekerin!

Nun schwirrt mir diese angeröstete Nussmischung im Kopf herum, die Annette gerade beschrieben hat. Meine Spiegelneuronen scheinen gerade in Bezug auf Essen besonders gut zu funktionieren: Jemand erzählt mir von einem leckeren Gericht und sofort kann ich es im Geiste schmecken. Das führt dann leider meist auch dazu, dass ich es gleich wirklich essen möchte. Besonders unangenehm ist das in Restaurants, wenn jemand was anderes bestellt hat als ich. Um dieser Falle aus dem Weg zu gehen, warte ich meist, bis alle mit ihrer Bestellung durch sind, um dann meine Wahl zu treffen. Wobei: Dieses Thema hat sich ja nun erledigt. Es ist kaum anzunehmen, dass ich künftig mit lauter Vegetariern umherziehen werde und in den meisten Lokalen gibt es sowieso nicht mehr als ein, zwei vegetarische Hauptgerichte. Gerade für meinen Selbstversuch ist die Lust auf das Essen der anderen natürlich ein weiteres Hindernis.

Im Falle der geschilderten Nussmischung habe ich Glück. Die kann ich getrost herstellen und essen. Glücklicherweise finde ich in einer Küchenschublade noch Bestände von Mandeln, Kürbis-, Pinien- und Sojakernen, die da schon länger lagern, weil ich nichts mit ihnen anzufangen wusste. Ich werfe meine Reste also schnell in eine erhitzte Pfanne – was sich als Fehler herausstellt. Ich habe nicht bedacht, dass man zunächst die dicken Mandeln und Kürbiskerne anrösten sollte, damit die kleineren Pinienkerne nicht verbrennen. Erst beim zweiten Versuch geht die Sache gut und das Experiment der eigenen Knabbermischung darf als gelungen bezeichnet werden. Mit getrockneten Cranberries schmeckt die Nussmischung übrigens besonders lecker. Nun bin ich satt und mag kein Blatt. Es duftet wunderbar im ganzen Haus, wie es Annette vorhergesagt hat. Aber das Schönste ist: Ich habe ein rundum gutes Gefühl. Gesund essen kann nämlich etwas ausgesprochen Erhebendes haben.

Ein Wunderwässerchen

Beim Thema »Gesunde Ernährung« fällt mir auch der Brottrunk wieder ein, den ich vor einigen Jahren regelmäßig getrunken habe. Ernährungswissenschaftlern, die wir zu Gast in der Sendung *Planet Wissen* hatten, äußerten viel Positives darüber: Das Wertvolle in dem Getränk sind seine vielen probiotischen Bakterien. Der Bäckermeister Wilhelm Kanne aus Lünen in Westfalen hat den Brottrunk vor über 30 Jahren entwickelt. Kanne hatte biologisch angebauten Weizen, Roggen und Hafer gebacken und anschließend in Quellwasser angesetzt. Dabei bemerkte er, dass die Brühe nach ein paar Monaten einen herb-sauren Geschmack annahm. Wissenschaftler haben die Flüssigkeit inzwischen genauer untersucht und festgestellt, dass viel Gutes darin steckt: Enzyme, Fermente, lebenswichtige Aminosäuren, Vitamine, Mineralstoffe und zwischen einer und fünf Millionen Milchsäurebakterien in jedem Milliliter Brottrunk. Diese fühlen sich in unserem Darm sehr wohl und stärken sowohl das Immunsystem als auch die Darmflora. Sie können helfen gegen das vermehrte Wachstum von Pilzen, vor allem solcher vom Stamm *Candida albicans*, die sich zum Beispiel nach Antibiotika-Therapien intensiv vermehren und in der Darmschleimhaut etablieren.

Der Brottrunk wird längst in vielen Kliniken eingesetzt. Nicht umsonst lautet ein alter Medizinerspruch: »Der Tod sitzt im Darm«, also jedenfalls in einem, der nicht gesund ist. Der Darm wehrt Eindringlinge ab, die unsere Gesundheit gefährden, und er produziert Immunzellen, die über die Lymphbahnen im ganzen Körper verteilt werden. Mehr Argumente brauche ich nicht. Beim nächsten Einkauf wandern nach längerer Zeit wieder zwei Flaschen Brottrunk in meinen Einkaufswagen, außerdem das dazu passende »Enzym-Ferment-Getreide«, das die Wirkung des Brottrunks unterstützen soll. Und zu Hause entdecke ich dann auf dem Etikett dieses Getreides auch noch das, was ich seit Wochen auf so vielen Etiketten vergeblich gesucht habe: »Vitamin B$_{12}$«.

Zurück am Schreibtisch lande ich auf der Suche nach aktuellen Erkenntnissen und Studien zum Brottrunk beim »Bundesverband Neurodermitiserkrankter in Deutschland e.V.«. Deren Vorsitzender und Geschäftsführer Jürgen Pfeifer berichtet mir von zahlreichen Studien, die die Erfolge bei der Linderung von Neurodermitis-Symptomen durch die regelmäßige Einnahme von Brottrunk belegen. Als früherer Kriminalbeamter hat er seinen detektivischen Spürsinn nun auf die Mikrobiologie gerichtet. Er schwärmt so begeistert von den Millionen Bakterien im Brottrunk, als seien sie ein Lottogewinn. Er könne das beurteilen, so sagt er, denn er wertet regelmäßig Stuhlproben von von Neurodermitis geplagten Menschen aus, die zuvor an einem autorisierten Labor untersucht wurden. Und da finde er nach einer Brottrunk-Kur die tollsten Bakterien-Kulturen. Außerdem werde der pH-Wert reguliert und Pilze, sofern vorhanden, reduziert. Eine Kur von etwa vier Monaten soll wahre Wunder bewirken.

Im Prinzip ist es das, was uns die vielen probiotischen Milchprodukte in der Werbung vollmundig versprechen, aber eben meist nicht halten: Die rechtsdrehende Milchsäure produzierenden Milchsäurebakterien, die im Darm ihre Wirkung entfalten und vor Infekten schützen sollen – doch meist sind nicht genügend von den Bakterien in den Milchprodukten enthalten, als dass sie wirken könnten. Ein großer Teil der Milchsäurebakterien wird im Zwölffingerdarm durch die Gallussäuren »ermordet«. Einige Lactobazillenstämme widerstehen jedoch diesen Angriffen. Die im sauren Brottrunk (pH 3,5–4) enthaltenen Lactobazillen sind für die widrigen Umstände im Magen-Darmkanal gut gerüstet. Sie entfalten ihre Wirkung direkt oder durch ihre Produkte und beeinflussen so die körpereigene Bakterienflora positiv.

Je mehr ich mich informiere, desto mehr gewinne ich den Eindruck, der Brottrunk ist ein Wunderelixier. Ein Anruf im »Zentrum für Infektionsmedizin« der Universität Leipzig soll Gewissheit bringen. Dort hat man den Brottrunk und seine Wirkung ein Jahr lang wissenschaftlich untersucht – es gibt ein ganzes Dossier darüber: »Untersuchungen zur Wirkung von ›Kanne Brottrunk‹ auf ausgewählte Pathogene und die fäkale Mikrobiota von Menschen und Tieren«. Die federführende Frau, die für die Untersuchung verantwortlich ist, heißt Professor Dr. Monika Krüger.

Sie haben den »Kanne Brottrunk« untersucht. Was sagt die Wissenschaft dazu? Ist der Brottrunk wirklich so toll?

Das ist er. Viele Menschen haben ja eine Darmflora, die aus dem Gleichgewicht geraten ist. Das passiert durch Stress, ein unregelmäßiges Leben, aber auch durch die Ernährung: zu viel Fleisch und Zucker. Oder auch durch Antibiotika. Die greifen ja nicht nur die pathogenen, also krank machenden, Bakterien an, sondern es werden auch die guten Bakterien im Magen-Darm-Trakt zerstört. Da kann der Brottrunk helfen.

Bei probiotischen Joghurts verspricht die Werbung immer positive Effekte auf den Darm, doch Untersuchungen zeigen, dass da viel zu wenige drin sind, als dass sie wirken könnten. Wie ist das beim Brottrunk: Finden wir da genügend der erwünschten Keime?

Eindeutig. Wir haben die unterschiedlichen Facetten des Brottrunks und seiner Inhaltsstoffe untersucht – das sind vor allen Dingen unterschiedliche Lactobazillen und auch kurzkettige Fettsäuren wie z.B. Essigsäure, etwas Propionsäure und etwas Buttersäure, und es ist

Milchsäure drin. Die haben natürlich eine entsprechende Wirkung. Also nehmen wir die Buttersäure: Die Bakterien können dafür sorgen, dass das Darm-Gleichgewicht wiederhergestellt wird.

Ist der Brottrunk dann nur gut für Leute, bei denen der Darm aus dem Gleichgewicht geraten ist?

Das würde ich nicht sagen. Ich denke, dass er uns aufgrund unserer heutigen Lebensweise durchaus guttut. Betrachten wir mal die Ernährungsgewohnheiten unserer Vorfahren: Die haben sehr viele fermentierte Produkte gegessen, z. B. Brot. Das Brot, das wir heute im Supermarkt kaufen, ist nicht mehr in dieser Art fermentiert wie früher. Es ist in der Regel mit Kunstprodukten so gemacht, dass es schön bläht, aber gesundheitsfördernde Strukturen sind da kaum noch drin. Unsere Vorfahren aßen Sauerkraut, selbst eingelegte Gurken und damit viele dieser Mikroorganismen. Im Sauerkraut ist z. B. der *Lactobacillus plantarum*, den wir auch im Brottrunk haben. Der ist sehr wichtig für das Gleichgewicht im Magen-Darm-Trakt.

Für Vegetarier ist außerdem wichtig, dass sie genügend Vitamin B$_{12}$ aufnehmen. Das ist auch im Brottrunk drin. Was noch?

Da sind überhaupt sehr viele B-Vitamine drin. Wenn Sie z. B. 200 ml am Tag trinken, dann nehmen Sie 100 Millionen Keime auf. Was nun die genaue Wirkung auf den einzelnen Menschen betrifft, so kann man nicht alles wissen, ohne eine klinische Studie gemacht zu haben – unseres war eine Laborstudie. Wir wollten einfach klären, was man von solch einem Substrat erwarten kann.

Und wie lautet Ihr Fazit: Was kann man vom Brottrunk erwarten?

Eine mit einem Antibiotikum vergleichbare Wirkung wäre eine falsche Hoffnung. Aber wenn Sie Ihren Darm vorbereiten mit den Lactobazillen im Brottrunk, dann ist es für Pathogene wesentlich schwieriger, sich dort zu etablieren, weil das Immunsystem angeregt und die Schleimhaut besser geschützt wird. Schon allein die pH-Wert-Absenkung durch den Brottrunk – der ist so zwischen 3,5 und 4 – bringt einiges. Viele pathogene Organismen können diesen pH-Wert gar nicht aushalten, die sterben dann ab. Aber es gibt auch viele Wechselwirkungen, die noch unerforscht sind.

Was gibt Ihnen bezüglich der Wechselwirkungen noch Rätsel auf?

Wir haben einer Kuh über einen längeren Zeitraum bis zu 500 ml Brottrunk pro Tag verabreicht. Und da haben wir die »Kumpel«, also die tollen Brottrunk-Bazillen, danach gar nicht wiedergefunden. Dafür aber den Lactobacillus mucosae, ein ausgesprochen wertvoller anderer Lactobacillus, dem die Brottrunk-Bakterien offenbar das Ausbreiten möglich gemacht haben.

Also die Brottrunk-Bazillen selbst haben nicht überlebt, aber dafür gesorgt, dass andere gute Bazillen sich verbreiten?

So ist es. Der Lactobacillus mucosae ist ein Schleimhaut-Besiedler, der Biofilme bildet und damit eine Art Schutzbarriere. Das heißt, man muss manchmal ein bisschen durchs Knie denken.

Viele Gründe, die mir den Brottrunk ausgesprochen schmackhaft und sympathisch machen. Und dann fällt so ganz en passant in unserem Gespräch noch ein letztes, schlagendes Argument: Junge Menschen verfügen über hohe Populationen an

»saccharolytischen« (Kohlendydrate abbauenden) Bakterien, aber je länger wir leben, desto mehr »proteolytische« (eiweißspaltende) Bakterien machen sich breit – sie sind es, die uns altern lassen. Sowohl mit vegetarischer Ernährung als auch mit dem Brottrunk kann man dieser Entwicklung entgegenwirken. Da ich dem interessierten Leser an dieser Stelle weiteren Biologieunterricht ersparen möchte, schließe ich mit Frau Professor Krügers Fazit, mit dem eigentlich alles gesagt ist: »Der Brottrunk ist ein Jungbrunnen.«

Ein Tipp: Wenn man mit dem Brottrunk anfängt, dann vorsichtig, vielleicht erst einmal mit einem kleinen Gläschen am Tag … Und das sei noch erwähnt: Über den Geschmack lässt sich streiten. Ich persönlich mag ihn sehr gerne, denn er erinnert mich an Sauerkrautsaft. Ich habe es aber schon erlebt, dass Freunde das Gesicht verzogen, wenn sie nur daran gerochen haben. Reine Geschmackssache – doch kann man den Brottrunk auch jederzeit mit Apfelsaft oder Wasser mischen.

Die geistige Leichtigkeit des Seins

Nach wenigen Monaten ohne Fleisch fühle ich mich leicht und unverletzbar. Das Gefühl kenne ich von Heilfastenkuren, die ich früher schon gemacht habe: eine Woche nichts als Tee – für Menschen, die gerne essen, natürlich ein Albtraum. Für mich ein Albtraum. Aber man wird nach einigen Tagen für die ertragenen Qualen mit ebendieser Leichtigkeit und Zufriedenheit belohnt, und die stellt sich jetzt dauerhaft bei mir ein! Um mich herum herrscht Hektik und Rastlosigkeit, Zeitdruck und Geschäftigkeit. Denn es ist die stressigste Woche des Monats: die Aufzeichnungswoche. Normalerweise bin ich abends so kaputt, dass ich nichts mehr unternehme, sogar manches Mal auf dem Sofa schon eingeschlafen bin. Doch jetzt ist es anders. Ich bin voller Energie.

Und nun könnte ich auch mal auf all die Fragen antworten, die mir neuerdings Freunde stellen, die von meinem Vegetarier-Experiment erfahren und die neugierig erwartungsvoll hoffen, dass ich schon nach kürzester Zeit von großartigen Veränderungen berichten kann: »Und? Was hat sich getan? Wie fühlst du dich?« Es ist geradezu so, als würde man von mir erwarten, dass ich plötzlich auf den Händen gehen kann. Oder dass ich hellsichtige Visionen habe und ein völlig anderer Mensch geworden bin. Bislang konnte ich den Neugierigen nichts Besonderes anbieten, doch jetzt merke ich erstmals, dass sich etwas tut. Die Unabhängigkeit, die man immer dann spürt, wenn man es schafft, sich in Askese zu üben – denn nichts anderes ist es ja, wenn ich mit leckeren Fleischgerichten konfrontiert »Nein danke« sage –, tut ihr Übriges. Ich bin Herr meiner selbst.

Ich könnte allerdings auch davon berichten, dass ich aussehe wie ein Streuselkuchen. Ja, ich habe Pickel bekommen.

Ungeschminkt sehe ich aus, als wäre ich in der Pubertät. Das ist schon beunruhigend, denn mit Mitte vierzig will man da ja eigentlich nicht mehr hin. Vor allem: Woran liegt das? Hat es überhaupt mit dem Fleischverzicht zu tun? Ich lese ein weiteres Mal das Kapitel »Umstellung auf vegetarische Ernährung« aus dem Buch *Vegetarisch leben*, das mich bei meinem Experiment begleitet. Offenbar geschieht etwas mit den Verdauungsorganen, die durch die industrialisierte Kost geschwächt und durch Unmengen an Gluten – in Industrienahrung – verklebt sein sollen. Klingt recht unappetitlich. Wenn der Körper dann gesunde, reinigende Nahrung bekommt, entgiftet er sich erst mal. Das, so heißt es, kann zu einer »Erstverschlimmerung« führen, die meinen Zustand erklären würde. Nur nicht irritieren lassen von den Kommentaren diverser Mitmenschen, lautet ein gutgemeinter Tipp. Ich lasse mich nicht irritieren. Außerdem habe ich eine gute Maskenbildnerin. Aber all diese Veränderungen sind sicher nicht nur darauf zurückzuführen, dass ich seit drei Monaten kein Fleisch mehr esse. Ich esse insgesamt gesünder und überlegter. Das ist übrigens etwas, das ich mit vielen Vegetariern gemeinsam habe: Sie ernähren sich allgemein gesünder, treiben mehr Sport, rauchen seltener und trinken weniger Alkohol.

Epidemiologen des deutschen Krebsforschungsinstituts Heidelberg haben von 1978 bis 1999 die bislang größte Studie über Vegetarismus durchgeführt. Es sollte geklärt werden, ob Vegetarier grundsätzlich gesünder sind und länger leben. Das recht unspektakuläre Fazit: »Ein bisschen Fleisch schadet nicht, wenn man sonst gesund lebt.« Dass Vegetarier aber meist trotzdem gesünder leben als Fleischesser, ist kein Geheimnis. So haut einen ein weiteres Ergebnis der Studie nun auch nicht gerade vom Hocker: Vegetarier haben ein tendenziell geringeres Risiko als Nicht-Vegetarier, an einer koronaren Herzerkrankung zu sterben. »Dieser Befund erreichte zwar keine statistische Signifikanz, lässt sich aber durchaus mit der

Fleischabstinenz erklären und steht in Einklang mit der Hypothese, dass tierische Fette und cholesterinreiche Kost die koronare Herzkrankheit begünstigen«[19], so die Leiterin der Studie, Prof. Jenny Chang-Claude. Auf meine Anfrage beim Krebsforschungszentrum hin zeigt sich dann aber der Haken an der Studie, nämlich dass die Teilnehmer zum Teil keine reinen Vegetarier waren. Fast täglich rufen dort Journalisten an und wollen wissen, ob es inzwischen weitere und konkretere Untersuchungen zum Thema gibt. Doch leider ist dem nicht so. Eine Frage des Geldes, wie man mir sagt. »Wer soll das bezahlen?«

Ob nun ein wenig Fleisch schadet oder nicht, Tatsache ist: Viel Fleisch schadet sehr wohl, wohingegen man nichts falsch macht, wenn man ovo-lacto-vegetarisch isst. Und was meine neue Ernährung betrifft, so kann ich die so zusammenfassen: leicht und vitaminreich. Entgegen den Predigen morgens zu frühstücken wie ein Kaiser, mittags zu speisen wie ein König und abends wie ein Bettler, trinke ich morgens nur einen riesigen Sojamilchkaffee, am Vormittag eine Buttermilch und Brottrunk und esse mittags Salat, Obst, Nüsse und Joghurt mit Sanddornsaft. Abends koche oder brate ich Gemüse und Tofu in Öl, manchmal schiebe ich Tomaten mit Käse in den Ofen. Das klingt vielleicht spartanisch, doch dafür esse ich all das Aufgezählte in rauen Mengen. Ich kann nun guten Gewissens von mir behaupten, dass ich vom Puddingvegetarier zum echten Ovo-Lacto-Vegetarier geworden bin. Ich habe – ungeplant und unbemerkt – drei Kilo abgenommen und fühle mich gesund und wohl. Vielleicht ist ja auch mein Unterbewusstsein froh, dass es nicht mehr den Tod von Tieren verdrängen muss, dass ich Tieren jetzt auf der viel beschworenen Augenhöhe begegnen kann.

So wie gestern Abend, als ich mit ein paar Leuten auf einen Absacker bei einer guten Freundin war. Plötzlich hatte sie ein kleines, süßes Entenküken in der Hand und die Gäste scharten sich um sie und lauschten der Geschichte von der glorreichen Rettung des Entchens: Eine Entenfamilie spazierte über einen Gully und zwei der Jungen fielen unbemerkt hinein. Meine Freundin hat sie mit viel Mühe wieder herausgeangelt und zieht sie nun mit ihrer Tochter auf, mit Haferschleim und Körnern. Jetzt wollte jeder den Findling streicheln – begleitet von begeisterten »Ahs« und »Ohs«. Ich stand dabei und frage mich, wie dieser Spagat immer wieder gelingen kann: Man zieht mühe- und liebevoll ein Entenküken auf, kann aber auch eine Entenbrust in die Pfanne hauen ... Ich habe es mein Leben lang nicht anders gemacht und bin nun in solchen Situationen erleichtert, dass ich nicht mehr dazugehöre, zu den Fleischessern.

Ausbleibende Einladungen

Nun habe ich zu hören bekommen, was ich immer befürchtet habe: »Wir hätten dich ja eigentlich gerne mal zum Essen eingeladen, aber du isst ja jetzt kein Fleisch mehr … und Saucen …« Es ist mein Vater, der da so offen spricht, und in der Tat ist mir aufgefallen, dass ich in letzter Zeit so selten wie nie zuvor zum Essen eingeladen war – gleichzeitig aber auch selbst schon länger kein Essen mehr veranstaltet habe. Teils wohl noch aus Angst, meine Gäste wären enttäuscht, wenn sie kein Fleisch bekämen. Teils aber auch, weil ich es jetzt genieße, spartanisch zu kochen – ganz ohne Schnickschnack. Gemüse in Öl geschwenkt, ein wenig Knoblauch, ein paar Kräuter, das reicht mir. Ich habe gar keine Lust, viel mehr Aufwand zu treiben.

Aus einer *Planet Wissen*-Sendung mit Prof. Konrad Beyreuther vom Heidelberger Zentrum für Molekulare Biologie weiß ich auch faktisch: Je weiter man sich von industriell vorgefertigter Nahrung entfernt, desto besser geht es einem. Der Geschmacksverstärker Glutamat beispielsweise, der in vielen Fertiggerichten wie Tütensuppen, Eintöpfen, Würstchen, Knabberzeug oder Saucen enthalten ist, kann laut Beyreuther Gehirnzellen töten, in höherer Dosis ist nicht ausgeschlossen, dass der »weltweit wichtigste Zusatz der Nahrungsindustrie« als »Nervenzellgift« wirkt. Mögliche Spätfolgen: Alzheimer und Parkinson. Mir genügt schon der Hinweis auf mögliche gesundheitsschädliche Wirkungen, um meinen Speiseplan anzupassen. Ich brauche keine hundertprozentigen Beweise, wenn ich ohne große Mühe etwas vorsorglich verzichten kann.

Und wenn ich Gemüse schnipsele und in Öl anbrate, weiß ich, was ich in der Pfanne habe. Hat man seinen Geschmack erst mal *back to the roots* gebracht, kann man sich an der

106

Zubereitung solcher Mahlzeiten besonders erfreuen. »Aber das kostet heutzutage zu viel Zeit, wenn man selber kocht«, meinte gestern ein Freund. Wenn 5 bis 10 Minuten fürs Garen von Zucchini oder Brokkoli zu viel sind, hat er natürlich recht …

Ein vegetarisches Fleischgericht

Mein Sohn und seine Freundin S. stehen heute gemeinsam in der Küche. S. hat ein tolles Gericht aus einem meiner Kochbücher für uns alle ausgesucht. Der einzige, kleine Haken am Rande: Es ist mit Hühnerfleisch und Prosciutto. Doch diese Klippe umschiffen die beiden, indem sie zwei verschiedene Arten von Tofu als Ersatz für Fleisch und Schinken nehmen: »Das ist jetzt das ›Hühnchen‹ und das der ›Prosciutto‹«, verkündet S. und zeigt auf einige trockene und unansehnliche Sojaflocken (das Huhn) und ein glattes Stück Tofu (der Schinken). Das Rezept ist kurzerhand vegetarisiert worden. Auf jeden Fall eine sehr kreative Vorgehensweise, ich hätte mir wohl eher gleich ein vegetarisches Gericht ausgesucht.

Ein Problem gibt es dann aber doch noch, und zwar beim Dessert: Die Buttermilch mit Himbeeren soll mit Gelatine eingedickt werden. Während S. schon dabei ist, die Gelatine aufzulösen, hakt Nicolas ein: »Das geht aber nicht!« S. gibt die Frage direkt an mich weiter: »Geht das nicht?« Ich bin eigentlich schon bereit, fünf gerade sein zu lassen, doch Nicolas ist entsetzt: »Das kannst du nicht machen!« Und um seiner Entrüstung noch mehr Ausdruck zu verleihen: »ICH habe NIE Gelatine gegessen, als ich noch Vegetarier war!«

Gut, es ist mir klar, dass diese Inkonsequenz nicht gut wäre, und so suche ich nach einem Mittel, das dem Dessert trotzdem zur gewünschten Konsistenz verhilft. Ich finde Biobin, einen Saucenbinder aus dem Reformhaus, der seit Monaten sein Dasein in meinem Kühlschrank fristet. Um es gleich zu sagen: Das Dessert wird uns nicht schmecken – Biobin ist kein Ersatz für Gelatine, es schmeckt sämig und ich habe ein richtig schlechtes Gewissen, dass meinetwegen das so freudig angekündigte und aufwändige Menü nun kein Rundumerfolg wird. Dabei hätte ich wahrscheinlich gar nicht so genau nachgefragt, was in dem Buttermilchdessert versteckt sein könnte. Gelatine – ist die nicht fast überall drin? Hätte ich auch schon lange keinen Kuchen mehr essen dürfen? Oder die leckeren Crèmes, die es in der Kantine gibt?

Eine Kollegin machte mich kürzlich aufmerksam auf das Buch *Pig 05049*. Die niederländische Designerin Christien Meindertsma dokumentiert in diesem Bildband, was alles aus einem einzigen Schwein hergestellt werden kann: Bestandteile für 185 Produkte holt man aus dem armen Schwein mit der Nummer 05049. Meindertsma hat die Verwertungskette des Schweins verfolgt und alle Produkte fotografiert, in denen Teile des Schweins enthalten sind, also Haut, Knochen, Fleisch, innere Organe, Blut und Fett. So wird zum Beispiel die aus der Haut gewonnene Gelatine verwendet, um Lakritz, Kaugummis, Marshmallows, Tiramisu, Erdbeerkuchen, Bier, Wein oder Fruchtsaft herzustellen. Der Knochenleim (Kalziumphosphat) ist in Streichhölzern, Puzzleteilchen, Schaumbeton, Patronenkugeln enthalten. Und die inneren Organe von Schwein 05049 wurden zu Trockentierfutter gemacht oder kommen in der Medizin zum Einsatz: als Herzklappen oder Blutgerinnungsmittel (Heparin).

Und jetzt? Es scheint, als könnte man dem Schwein nicht entkommen, selbst wenn man möchte. Fleisch, Fisch und Gelatine sind offenbar nur ein Tropfen auf dem heißen Stein. Wo soll man da anfangen, wo aufhören, wenn man ein korrekter Vegetarier werden möchte?

Ekel

Für Vegetarier ist es ein wahres Problem, dass oft nicht direkt zu erkennen ist, ob das Essen auf dem Teller Zutaten enthält, die aus Tieren hergestellt wurden. Ich sitze bei meinem Vater im Garten und esse, nichts Böses ahnend, seinen hausgemachten Kartoffelsalat. Der Teller ist schon halb leer, als er so nebenbei bemerkt: »Ich habe den Kartoffelsalat ausnahmsweise mal nicht mit Fleischbrühe gemacht.« Oje, um ein Haar wäre ich in die Falle getappt! Ich frage mich: Wie weit muss der Ovo-Lacto-Vegetarier eigentlich gehen, wenn er zum Essen eingeladen ist? Muss er wirklich vor jedem Bissen Recherchen anstellen?

Hilfreich wäre sicherlich ein ausgeprägter Ekel vor Fleisch, über den ich aber bis heute nicht verfüge. Hätte ich ihn, dann würde auch ich jede Mahlzeit zum Rechercheobjekt machen, als ginge es um eine Doktorarbeit – ich habe das schon häufig bei meinem Bekannten M. beobachtet, einem Vegetarier durch und durch. Nur einmal hat er nicht rechtzeitig nachgefragt: Wir waren in einem chinesischen Restaurant. M. hatte sich für eine Gemüsesuppe entschieden und entgegen seiner Gewohnheit nicht nachgehakt, wie diese zubereitet werden würde. Wir anderen um ihn herum aßen »Ente süßsauer« oder »Hähnchen Chopsuey« und M. löffelte mit Genuss seine Suppe. Als die Bedienung an unseren Tisch kam, um noch eine Flasche Wasser zu bringen, fragte M. doch noch: »Da ist doch keine Fleischbrühe drin, oder?« Die Bedienung lächelte freundlich. »Doch, doch! Mit Fleischblühe!«, verkündete sie stolz. M. wurde erst kreidebleich und hielt sich die Hände vor den Mund, dann sprang er auf und verschwand für eine viertel Stunde auf der Toilette.

M.s Reaktion zeigt: Ekel vor Fleisch erleichtert den Verzicht nicht nur, er macht ihn – und damit das Wissen um die Zutaten jeder Mahlzeit – zur absoluten Notwendigkeit. Nachdem ich ihn von mir aus einfach nicht verspüre, vielleicht könnte ich mir den Fleischekel irgendwie aneignen? Ich habe gehört, dass Mark Benecke, der als »Maden-König« bekannte Kriminalbiologe und Forensiker, Vegetarier ist. Er untersucht regelmäßig Fliegen und Maden, die sich in verwesenden Leichen eingenistet haben, um so Todeszeit und -umstände zu ermitteln. Klarer Fall, denke ich, der Mann weiß, wie ekelig totes Fleisch sein kann, und rufe ihn kurzerhand an.

Mark, gibt es für dich eigentlich einen Unterschied zwischen tierischem und menschlichem Fleisch?

Nein, überhaupt keinen.

Dann isst du sicher kein Fleisch, weil du dich davor ekelst?

Nein. Mit Ekel hat das weniger zu tun – ich ekle mich nicht vor Fleisch. Einerseits ist es schon so, dass ich an Tatorte denken muss – das hat mit dem Blut zu tun oder mit den Schnitten. Aber ich finde es einfach hirnverbrannt, Fleisch zu essen. Wenn ich mir die ganze Industrie dahinter angucke … Es ist unnötig, es kostet eine Riesenenergie. Was mich genauso nervt, ist, dass sich Fleischesser dauernd entschuldigen, aber weiterfuttern!

Ich dachte, dass du Fleisch ablehnst, weil du als Biologe am besten weißt, wie die Verwesung von Fleisch abläuft. Aber dann war das wohl falsch gedacht?

Ja, mit der Verwesung hat das überhaupt nichts zu tun. Verwesung finde ich schön – die ganzen Verwesungsstadien sind total interessant und spannend. Ich sehe da den Kreislauf des Lebens.

Wenn du im Supermarkt durch eine Fleischabteilung stiefelst (man wird da ja manchmal automatisch durchgeschleust), empfindest du da denn beim Anblick von Fleisch den Schmerz, den das Lebewesen empfunden haben muss?

Nein, gar nicht. Aber ich empfinde das auch nicht, wenn ich eine menschliche Leiche sehe. Das ist für mich einfach eine Leiche. Oder ein Leichenteil.

Okay, ich bin eindeutig auf dem Holzweg. Aber du hast besondere Erlebnisse mit Tintenfischen, mit denen du geforscht hast. Sind es diese Erfahrungen, die dich davon abhalten, die Tiere zu essen?

Total. Also es ist das, was die Leute vom Land manchmal auch haben. Da wurde der süße Lieblingshase irgendwann geschlachtet und seitdem essen sie kein Kaninchen mehr. Und bei mir ist das genauso. Alle, die damals mit den Tintenfischen gearbeitet haben, wollten danach keine Tintenfische oder Meerestiere mehr anrühren. Wenn du mit diesen hochintelligenten Tieren monatelang zusammengearbeitet hast, dann willst du natürlich deinen Kumpel nicht aufessen.

Mal zur Praxis: Kannst du in ein Restaurant gehen und einfach eine Gemüsesuppe bestellen, ohne genau zu recherchieren, ob vielleicht doch Fleischbrühe drin steckt?

Ja, aber das ist einfach. Wenn du z. B. beim Inder bist oder beim Türken, dann kannst du einfach fragen, weil die sowieso das aus kulturellen oder religiösen Gründen gut verstehen können. Da hat es noch nie Probleme gegeben. Aber wenn da jetzt einer Fleischbrühe ins Essen kippt, dann wär's mir auch egal. Ich würde dem keinen Vortrag drüber halten. Ich will da eigentlich auch überhaupt nicht drüber reden. Außer jetzt mit dir oder in einer Diskussion. Aber im Alltag will ich das gar nicht besprechen mit Freunden oder so. Ich habe auch keinen missionarischen Eifer. Wenn jemand meint, er könne mich ärgern damit, dass er Fleischbrühe ins Essen kippt, dann kann ich nur sagen: Alle, die schon mal im Restaurant gegessen haben, haben garantiert schon mal Spucke vom Koch gegessen, weil er das halt witzig fand. Also was soll's. Warum sich darüber Gedanken machen?

Die Fährte war falsch. Maden-König Mark Benecke ekelt sich nicht vor Fleisch, obwohl er beruflich Dinge tut, bei denen jedem von uns kotzübel würde. Und somit ist meine Hoffnung, ich würde mich von seinen Ekelgefühlen durch widerliche Schilderungen von Zersetzungs- und Fäulnisprozessen anstecken lassen können, zerplatzt wie eine Seifenblase. Natürlich hätte er mir diese unappetitlichen Prozesse trotzdem beschreiben können – doch wenn jemand voller Begeisterung davon erzählt, ist es vermutlich nicht das, was weiterhilft, wenn man Ekel kultivieren möchte. Aber wer weiß: Vielleicht entstehen die Ekelgefühle ja noch.

Vegetarier auf sozialer Wildbahn

Erst mal muss ich mir überlegen, wie ich mich am nächsten Tag verhalten werde. Da bin ich nämlich bei einem guten Freund eingeladen, der zum Abendessen Gemüse und Hühnerschlegel für 15 Leute plant. Alles soll zusammen auf einem Backblech im Ofen gegart werden, so weit habe ich mich schon informiert. Gemüse neben Fleisch. Soll ich darauf pochen, dass ich eine »Extrawurst« bekomme? Oder erlaube ich mir, das Gemüse zu essen, obwohl es mit Fleisch in Kontakt gekommen ist? Meine Güte! Eigentlich wollte ich doch einfach nur ein Zeichen setzen: Fleischkonsum vermeiden, Verzicht üben. Ich wollte etwas für Tiere tun, sie als meine Schützlinge betrachten und gleichzeitig etwas für unsere Umwelt tun.

Würde mich in Zukunft noch irgendwer einladen, wenn ich ein Stück Aubergine oder Paprika, das unwillentlich angelehnt an einem knusprigen Hühnchenschlegel auf dem Backblech lag, mit Verachtung strafe? Wenn ich allen missmutig beim Essen zusehe, man mir den Hunger aus zehn Meter Entfernung ansieht und ich mich dann, gequält lächelnd, am Ende des Abends verabschiede mit den Worten: »Hat echt gut gerochen.« Vielleicht wäre das doch ein bisschen zu viel des Guten. Da ich meinen nicht-vegetarischen Freundeskreis gerne behalten möchte, brauche ich den Rat einer Benimm-Expertin. Schon die Frage, ob man sich vor einer Essenseinladung ungefragt als Vegetarier outen soll oder ob man das Essen lieber auf sich zukommen lässt und notfalls Fleisch und Sauce diskret links liegen lässt, treibt mich um. Elisabeth Bonneau ist Kommunikationstrainerin und Ratgeber-Autorin – vielleicht kennt sie die Antwort.

Angenommen, ich bin irgendwo eingeladen und werde leider nicht vorher vom Gastgeber gefragt, ob ich Fleisch und Fisch esse: Wie soll ich mich verhalten? Es von mir aus ansprechen?

Ja. Und zwar in dem Moment, in dem Sie die Einladung bekommen. Sie müssen sich dafür ja nicht schämen und auch nicht rechtfertigen. Sie sagen einfach: »Ich komme gerne. Ich bin Vegetarierin.« Da weiß nicht jeder, was das genau heißt, es ist ja nicht jeder Vegetarier gleich. Also erklären Sie bitte weiter, z. B.: »Ich esse weder Fleisch noch Fisch.« Sind Sie Veganerin, müssen Sie das noch genauer erklären. Es gibt keinen Grund einzuknicken. Sie tun nichts Verbotenes – Punkt.

Ich habe einen Insider-Tipp aus leidgeprüften Vegetarier-Kreisen gelesen. Da wird empfohlen anstatt: »Ich bin Vege-tarierin« zu sagen: »Ich esse vegetarisch.« Oder einfach: »Ich esse kein Fleisch und keinen Fisch.« Haben Sie noch eine Idee?

»Ich bin mit Beilagen zufrieden. Ich bin mit Gemüse und Pasta zu-frieden. Sie brauchen einfach nur Fleisch und Fisch wegzulassen.«

Bei Freunden ist es sicher einfacher, das frei von der Leber weg zu sagen, als bei Fremden und Geschäftspartnern. Würden Sie es dann genauso machen?

Eindeutig. Ich gehe davon aus: Ein Gastgeber möchte seine Gäste verwöhnen. Je mehr er weiß, womit er sie verwöhnen kann, desto leichter wird es für ihn. In Airlines oder bei großen Festveranstaltun-gen ist es inzwischen üblich, dass man auf dem Anmeldebogen an-geben kann, welche Speisen man bevorzugt. Die Engländer haben ein schönes Wort dafür: »Food Preferences«. Es gibt ja auch immer mehr Allergiker, die bestimmte Dinge nicht essen. Da wird nicht ge-fragt, ob das für den Gastgeber bequem ist oder nicht. Dem ist im-merhin lieber, der Gast fällt am Tisch nicht vom Stuhl, nur weil er dem

Gastgeber einen Gefallen getan hat. Genauso ist ihm beim Vegetarier lieber, der fällt wegen einer Speise mental nicht vom Stuhl.

Wie ist es, wenn es um eine Einladung mit vielen anderen Gästen geht und man weiß vorher, es wird z. B. Lasagne geben? Bleibt man vorsichtshalber zu Hause, damit man keinem die Laune verdirbt, oder soll man sich sein eigenes Essen mitbringen oder es anbieten?

Bei Freunden können Sie ganz klar sagen: »Du brauchst für mich keine Extraportion zu machen. Soll ich mir was mitbringen oder gibst du mir ein Stück Käse und Brot? Was ist dir lieber?« Sind Sie in einem Lokal, kommt ja nicht gleich das Essen auf den Tisch. Da gibt es ja noch einen Aperitif. Ist auf der Karte nichts Vegetarisches angegeben, machen Sie die Servicekraft zu Ihrer Alliierten und fragen Sie sie: »Ich esse vegetarisch – was können Sie mir anbieten?«

Nun hat man im Vorfeld alles schön geklärt, aber der Gastgeber wusste bedauerlicherweise nicht, dass der Vegetarier auch kein Rotkraut mit Schmalz isst. Oder keinen Kartoffelsalat mit Fleischbrühe. Wenn ich als Vegetarier das nun vor mir auf dem Teller habe: Was kann ich dann noch tun?

Sich blitzschnell entscheiden: Wollen Sie Ihre innere Überzeugung verleugnen, um dem Gastgeber eine Freude zu machen, der ja gar nicht weiß, dass Sie ihm eine Freude machen? (Sie merken, was ich davon halte.) Oder fragen Sie nicht doch lieber: »Ist das mit Fleischbrühe gemacht? Dann verzichte ich, tut mir leid.« Das Wichtigste ist aber nicht, ob Sie es essen oder nicht. Das Wichtigste ist, wie Sie kommentieren, wenn Sie etwas nicht essen. Wenn Sie genervt sagen: »Ich hatte doch gesagt, ich esse kein Fleisch«, stellen Sie den Gastgeber bloß. Wenn Sie jedoch nur sagen: »Oh, speziell das esse ich auch nicht«, wird er Ihr Bedauern bemerken, Ihre Empathie. Dann weiß er, dass Sie ihn nicht verletzen wollen. Sie haben ein Recht auf

Ihre Überzeugung. Hindus z. B. würden ja auch keinen Kartoffelsalat mit Fleischbrühe essen. Oder ein Moslem isst doch auch die Lasagne mit Schweinefleisch nicht. Für mich ist das alles das Gleiche. Es gibt bei dem »Anders-Esser« einen Grund für seine Entscheidung, den ich als Mainstream-Esser nicht zu hinterfragen habe. Punkt. Ein Tipp noch für Gastgeber, die ein Buffet anrichten. Neben Fleisch und Fisch vegetarische Speisen anbieten und diese mit »Veggie« markieren, dann erübrigen sich alle Nachfragen.

Schließlich erzählt mir Elisabeth Bonneau, die auch eine Kolumne in der *Badischen Zeitung* schreibt, dass sie häufig Leserfragen von der »anderen Seite« bekommt: von Vegetariern, die wissen wollen, ob sie als Gastgeber ihren Gästen womöglich Fleisch servieren *müssen*. Aber auch hier fällt die Antwort eindeutig aus: »Natürlich nicht.«

Heißhunger

Im Kühlschrank liegen Weißwürste. Ich habe sie da nicht reingetan, Nicolas muss sie angeschafft haben. Eigentlich haben mich Würste immer kaltgelassen. Seit BSE und Berichten über undefinierbare Inhaltsstoffe war ich ganz und gar nicht mehr scharf auf Wurst. Mit einer Ausnahme: der »Münschter Wurscht«, deren herrlicher Duft jeden Samstag über den Freiburger Markt weht. Fünf Stände nebeneinander und immer endlose Schlangen davor. Hier wurde ich manchmal schwach: Statt Frühstück oder Mittagessen einfach eine »Münschter« im Brötchen mit gebratenen Zwiebeln. Und Curry, Ketschup und Senf drauf. Immerhin nicht jedes Wochenende.

Jetzt also die Weißwürste in meinem Kühlschrank, die auf einmal sehr verführerisch aussehen. Eben habe ich auch noch einen TV-Werbespot mit Jörg Pilawa gesehen, in dem er ein lecker aussehendes Fleisch-Pastetchen genießt … Jetzt ist mir so richtig nach etwas Deftigem zumute. Das irritiert mich. Heißhunger kenne ich nur in Bezug auf Süßigkeiten, vornehmlich Schokolade. Dafür bin ich früher schon mitten in der Nacht aufgestanden und zur Tankstelle gefahren. Könnte sich so ein Verlangen, verursacht durch den Verzicht, womöglich bei Fleisch und Wurst einstellen? Ähnlich wie die unbändige Sucht nach Zigaretten bei einem, der das Rauchen aufgibt. War es denkbar, dass man sich plötzlich nicht mehr beherrschen kann oder will, weil das Verbotene lockt? Das einzig Erstrebenswerte? Ich sehe Dagobert Duck vor mir – doch statt der Dollarzeichen blinken Weißwürste in seinen Augen.

Erst eine Passage im Buch *Vegetarisch leben* von Armin Risi und Ronald Zürrer holt mich von dem Wurst-Trip wieder herunter. Bezüglich der Umstellung auf vegetarische Kost schreiben die Autoren, dass es nicht einfach ist, auf vegetarische Kost umzustellen – wegen der Gewohnheit, wegen des sozialen Drucks. Aber: eben nicht nur deshalb. Es könnten durchaus auch Entzugserscheinungen auftreten, ähnlich wie bei einer Sucht. Fleisch soll chemische Zusatzstoffe enthalten, die eine physische Abhängigkeit erzeugen. Es sei möglich, dass man ein unbändiges Verlangen nach Fleisch empfinde. Nervosität, Gereiztheit und das Gefühl, »nicht richtig gegessen zu haben«, könnten sich in der Anfangszeit des Fleischverzichts einstellen.

Das trifft es. Auch wenn ich nie wirklich viel Fleisch gegessen habe: Das Gefühl, es fehlt etwas, wenn man nur Gemüse und Kartoffeln oder Reis zu sich nimmt, kenne ich gut. Man bleibt einfach unbefriedigt. Ob man es wirklich ist oder nur meint, sich so fühlen zu müssen, weil einem Pseudoweisheiten wie »Der Mensch braucht etwas Nahrhaftes« oder »Ohne Fleisch ist man gleich wieder hungrig« schon in Kindertagen in den Kopf gehämmert wurden? Jedenfalls spüre ich einen mir bisher unbekannten Heißhunger auf die doofen Weißwürste. Das wiederum macht mich jetzt regelrecht aggressiv.

Um mich gegen das unwillkommene Verlangen zu wehren, werde ich mich noch genauer mit Wurst und Fleisch beschäftigen. Denn wenn man weiß, was da alles drin ist, vergeht einem doch sicher der Appetit. Eine erste Abschreckung finde ich gleich in *Vegetarisch leben*. Da heißt es, Fleisch soll Zerfallsprodukte enthalten: »Nach der Tötung eines Tieres beginnt sogleich der Prozess der Verwesung seines Fleisches, was die Zersetzung von Toxinen – Leichengift – nach sich zieht.« Um halb verweste Mäuse oder Vögel mache ich draußen gewöhnlich auch wegen des Leichengifts einen großen Bogen. Und das habe ich jetzt in meinem Kühlschrank? Um schnell etwas über die Zusammensetzung von Wurst zu erfahren, starte ich eine kleine Internet-Recherche und finde in verschiedenen Auflistungen Zutaten wie Fleisch, Speck, teilweise

Blut und Innereien, Salz und andere Gewürze, die in Därme, Blasen oder Mägen gestopft und konserviert werden. Nicht sehr appetitlich.

Natürlich ist mir das nicht gänzlich neu, aber wenn ich früher in die »Münschter« gebissen habe, habe ich vorsichtshalber an was anderes gedacht. Klar kam hin und wieder die Frage hoch: Was ist das eigentlich?, wenn man beispielsweise auf etwas Knorpeliges biss. Und Innereien hätte ich normalerweise auch nie gegessen, wären sie in der Wurst nicht so geschickt »anonym« versteckt gewesen. Man kann die Wurst also nur essen, wenn man nicht darüber nachdenkt, was in ihr steckt. Das soll schon Otto von Bismarck erkannt haben. Er hat die Gesetzgebung mit der Wurstherstellung verglichen: »Je weniger die Leute wissen, wie Würste und Gesetze gemacht werden, desto besser schlafen sie.«

Die Ingredienzien der Wurst sind aber nicht nur ekelig, sie können auch gefährlich sein – wie zu den Hochzeiten von BSE. Die Kulmbacher Bundesanstalt für Fleischforschung, das Landwirtschafts- und das Gesundheitsministerium warnten schon 1996 vor den Gefahren des sogenannten »Separatorenfleischs«. Das klingt nicht nur scheußlich, sondern ist es auch: »Separatorenfleisch« ist Resteverwertung. In einer Art Waschmaschinentrommel wird auch die letzte Fleischfaser vom Knochen abgekratzt. Bei diesem Vorgang konnte in BSE-Zeiten auch infektiöses Rückenmark in den Wurstbrei geraten.

Diese kleine Recherche soll reichen, um keinen Gedanken mehr an die Weißwürste in meinem Kühlschrank zu verschwenden. Sie werden verschwinden, einfach nicht mehr da liegen – früher oder später. Tatsache ist: Sie landen im Müll. Das Verfallsdatum ist abgelaufen. Natürlich auch nicht vorbildlich. Jedes Jahr schmeißen die Deutschen Lebensmittel im Wert von 10 Milliarden Euro auf den Müll, schätzen Konsumforscher. Andererseits wäre es auch keine Alternative gewesen, sie aufzuessen.

Wie sag ich's meinem Freunde?

Da ist er wieder. Mein Freund ist von seiner Südamerikatour zurück. Da die Internetverbindung zum »Sajama«, dem mit 6542 Metern höchstem Berg Boliviens, bisher nicht ganz so gut ausgebaut ist, ahnt er noch nichts von meinem neuen, vegetarischen Leben. Und somit auch seinem – jedenfalls an den Wochenenden, da wir eine Fernbeziehung führen. Gemeinsames Kochen gehört dann zu unseren Highlights und Fleisch und Fisch zu einem guten Essen dazu, darüber bestand bisher Einigkeit. Zudem ist mein Freund ein begeisterter Hobbykoch, der sich gerne aus allen möglichen Rezeptbüchern Anregungen holt und dann doch seine eigenen Kreationen zaubert – häufig mit überraschendem Ergebnis. Wenn ich mal frage: »Wie stand es denn im Rezept?«, bekomme ich meist einen halb mitleidsvollen, halb verächtlichen Blick zugeworfen. »Rezept – wer hält sich denn an so was? Das ist doch nur was für Anfänger.« Tja, in gewisser Weise sind wir jetzt genau das: Anfänger. Wir sind Anfänger im vegetarischen Kochen – sofern er nicht schlagartig die Beziehung mit mir beendet, wenn ich ihm erst mal von der Wende in unser beider Leben erzählt habe.

Ich setze also ganz vorsichtig an: »Du, sag mal … meinst du, wir könnten das mit dem Fleischessen ein bisschen einschränken?« – »Klar, warum nicht?«, antwortet er. »Aber so viel essen wir doch gar nicht.« – »Ja, schon«, meine ich. »Aber ich würde gerne mal gar keines mehr essen.« – »Ja, bitte, mach doch«, sagt er und sieht noch kein Problem. Erst als ich ihm klarmache: »Dann kann ich aber auch nicht mehr mit Fleisch kochen. Und wenn du Fleisch machst, kann ich es nicht essen«, dämmert ihm allmählich, dass auch er betroffen ist. Er sieht ein bisschen nachdenklich aus. »Wie lange?«, fragt er nun recht nüchtern und ich gestehe: »Ach, nur so eine kleine Weile … für ein Jahr?« Er runzelt die Stirn. Nach schier endlosen Sekunden kommt die erlösende Antwort: »Okay.«

Wow. Ich hatte nicht erwartet, dass das so einfach werden würde. »Okay.« Er wird nicht nur hinnehmen, dass ich kein Fleisch mehr esse, was ausschließlich meine Sache wäre, sondern erklärt sich bereit, in meiner Anwesenheit auch auf Fleisch zu verzichten, d.h. mit mir und für mich an den Wochenenden vegetarisch zu kochen. Was für eine Erleichterung, denn mit so viel Kooperation habe ich nicht gerechnet. Zehn Minuten später steht er lässig mit hochgekrempeltem Hemd im Türrahmen und liest mir Rezepte aus einem indischen Kochbuch vor, das seit Jahren unbeachtet in seiner Küche steht. Er schwärmt von einem hervorragend klingenden Curry, fragt dann aber doch noch einmal mit unschuldigem Lächeln: »Ist Hühnchen eigentlich auch Fleisch?«

Wir planen an diesem Tag ein anderes Curry. Es besteht im Wesentlichen aus Kichererbsen. Auf dem Freiburger Markt kaufen wir gleich Zutaten für ein weiteres Abendessen. Ich bin zum ersten Mal als Vegetarierin hier und zum ersten Mal muss ich an den Wurstständen vorbeigehen. Wie immer liegt der ganze Markt unter der zuvor erwähnten Wurstduftglocke und es riecht, ich muss es zugeben, immer noch lecker. Warum gibt es hier eigentlich noch keinen Tofu-Würstchenstand? Die könnte man doch genauso als »Veggie Münschter Wurscht« mit Zwiebeln, Ketschup, Senf und Curry essen – wahrscheinlich würde man kaum einen Unterschied schmecken und müsste keine Angst vor Knorpel haben … Aber egal. Statt Wurst suchen wir die Zutaten für zwei vegetarische Gerichte: Pilze mit Semmelknödel für Samstag und das Kichererbsencurry für Sonntag.

Fazit am Montag: Ich kann mich nicht festlegen, welches der beiden Gerichte leckerer war. Aber ich weiß, dass ich zu keinem Zeitpunkt Fleisch vermisst habe. Allerdings war die Suche nach einem vegetarischen Gericht für unsere verwöhnten Gaumen nicht einfach. Deutsche Kochbücher hatten am Ende nicht viel zu bieten, denn es fehlte häufig das »gewisse Etwas«. Mir lief beim Lesen einfach nicht »das Wasser im Munde« zusammen. Aber das ist wohl Geschmackssache. Ansprechende Gerichte finde ich eher in den Küchen anderer Kulturen, allen voran der indischen. Hier habe ich nie den Eindruck, der sich mir bei deutschen Rezepten oft aufdrängte, als würde man das Fleisch eben weglassen. Wie kommt es zu diesem Unterschied? Haben wir einfach (noch) keine vegetarische Esskultur?

Paris, Berlin, London, Zürich

In den Großstädten macht sich die vegetarische Küche allmählich breit. Vor allem die Spitzenköche scheinen diese Sparte für sich entdeckt zu haben, immerhin gibt es weltweit inzwischen rund hundert vegetarische Restaurants mit drei Sternen. Doch wer denkt, vegetarisch sei billiger und man könnte sich so auch mal den einen Besuch im Sternerestaurant leisten, der hat sich getäuscht: Das Menü im Pariser L'Arpège, das überwiegend vegetarische Gerichte anbietet, kann zwei Personen gut 700 Euro kosten. Maître Alain Passard verwendet nur Gemüse, das er an drei verschiedenen Standorten ohne Chemie und ohne den Einsatz von Maschinen anbauen lässt. 40 Tonnen dieses Öko-Gemüses verarbeitet er in seinem Restaurant pro Jahr. Passard sorgte für eine Überraschung, als er dem *Guide Michelin* im Jahr 2000 mitteilte, dass er sich ab sofort auf die vegetarische Küche spezialisieren würde.[20] Die Umstellung erschien dem Sternekoch notwendig: Er fürchtete um seine Kreativität und suchte eine neue Herausforderung. Dass vegetarisch zu kochen eine solche Herausforderung sein kann, habe ich inzwischen selbst erlebt. Passard hat sich übrigens auf Kombinationen aus Gemüse und Früchten spezialisiert.

Der führende Koch der Berliner Gemüseküche und Inhaber des »Margeaux«, Michael Hoffmann, geht einen anderen Weg: Er setzt auf Eingemachtes und kocht jährlich 3000 bis 5000 Gläser ein. Besonders begeistert ist er von in Vergessenheit geratenen Gemüsesorten wie Hörnchenkürbis oder Haferwurzel. 80 Prozent seiner Produkte stammen aus eigener Produktion – sein 2000-Quadratmeter-Garten liegt 60 Kilometer vor Berlin. Auch bei Michael Hoffmann kann man noch einige Fleischgerichte bestellen, doch berühmt ist er für seine vegetarischen Menüs mit außergewöhnlichen Kreationen wie »Rüben mit Malabar-Spinat und Trauben«, »Aubergine und Topinambur mit Schnittlauchemulsion« oder »Texturen von Sellerie und Algen«. Das klingt doch ganz anders als »Grünkohl mit Kartoffeln«.

Ein Paradies für Vegetarier ist London. Jeder zehnte Einwohner isst hier vegetarisch und Lokale mit dem entsprechenden Angebot zu finden, ist nicht schwer. Im zentralen Theater-Viertel West End zum Beispiel, gibt es mehr als zwanzig vegetarische Restaurants, die Hälfte davon wiederum ist sogar vegan. Ein Lokal, das wegen seines ehemals fleischbegeisterten Küchenchefs Aldo Zilli Schlagzeilen macht, ist das »Zilli Green« im Szene-Viertel Soho. Zilli hätte vor zehn Jahren nicht geglaubt, dass er sich einmal der vegetarischen Küche zuwenden würde. Doch sein Chefkoch Enzo hat ihn schließlich bekehrt. Fleischfreak Zilli hat sich von Würstchen verabschiedet und setzt nun in einem seiner drei Lokale auf 100 Prozent vegetarischen Genuss: Gerichte wie: »Trüffel-Spargel-Risotto« oder »Pistazien-Quinoa-Salat« werden hier serviert.

Das älteste vegetarische Restaurant Europas steht allerdings in Zürich. Eröffnet wurde es im Jahr 1898 unter dem nicht gerade einladenden Namen »Vegetarierheim und Abstinenz-Café« – im Volksmund hieß es damals schlicht »Wurzelbunker«. Die Gäste nahmen vorsichtshalber den Hintereingang, da sie sonst fürchten mussten, verhöhnt zu werden. Einem gewissen Ambrosius Hiltl, einem aus Bayern stammenden Schneider, wurde allerdings ärztlich angeraten, dorthin zu gehen. Er litt unter Gicht und sollte sich fortan vegetarisch ernähren. Die fleischlose Kost führte nicht nur zur Heilung der Gicht innerhalb von drei Monaten, sondern Hiltl auch zum Herzen der Köchin. Sie heirateten und übernahmen später das Lokal.

Rolf Hiltl, der Urenkel, führt heute das »Hiltl« in der vierten Generation. Während die kulinarischen Highlights früher Champignonsuppe, gemischter Salat, Kartoffelklöße mit Zwiebelsauce und brauner Butter oder Apfelstrudel waren, gibt es heute »Harirasuppe«, »Springrolls mit Salat«, »Kartoffelgulasch« und »Schoko Eclair«. Auch was die Gäste betrifft, haben sich die Zeiten geändert. Früher als »Grasfresser« verspottet, geht heute jede Menge Prominenz im »Hiltl« ein und aus. Unglaubliche 2000 Gäste werden hier täglich bewirtet und das Restaurant wurde 2010 mit dem Gütesiegel »Best of Swiss Gastro« ausgezeichnet. Meine erste Frage an Rolf Hiltl, der selbst gelernter Koch ist:

Wie würden Sie einem Fleischesser, der Ihr Lokal noch nicht entdeckt hat, Lust auf vegetarisches Essen machen?

Indem ich ihm sage, dass es hier um Genuss geht und um Lebensfreude. Und indem ich ihm nicht gleich sage, dass es ein vegetarisches Restaurant ist. Ich »erwische« den [er lacht herzhaft] und dann merkt er erst, wenn er wieder rausgeht, dass es vegetarisch war … vielleicht. Vielleicht merkt er's auch gar nicht.

Zur vegetarischen Küche in unseren Breiten: Ich weiß nicht, wie es in der Schweiz ist, aber in vielen deutschen Gaststätten sind die vegetarischen Gerichte eher einfallslos. Man lässt einfach das Fleisch weg. Woran liegt das?

In erster Linie liegt das an der Tradition. Traditionen können ja gut sein, aber eben nicht immer. In diesem Fall ist die Tradition nicht gut. Es gibt da manchmal ein gewisses Spießertum, das die Leute nicht aus ihren eigenen vier Wänden hinausschauen lässt. Die sagen: »So wie es bei uns schon immer war, so bleibt es auch.«

Was fehlt den Deutschen: Fantasie oder die Gewürze Asiens?

Auch bei dem, was fehlt, kommt Spießertum ins Spiel. Es geht ja darum, dass man andere Kulturen wahrnehmen muss. Und wenn man ein Leben lang in Deutschland war, dann hat man Deutschland gesehen – das ist ja sehr schön, aber die Welt ist noch größer. Manche Leute kapseln sich gerne ein, das ist ein Problem. Ich bin beruflich viel unterwegs gewesen und habe viele Menschen getroffen. Ich habe aber auch Freunde gehabt, die immer hiergeblieben sind – und die finde ich manchmal ein bisschen langweilig. Teilweise. Und das hat auch mit Kulinarischem zu tun. Man muss eine andere Kultur bewusst wahrnehmen und sie akzeptieren. Die Menschen dort haben Gründe, weshalb sie anders essen. Da kommen dann auch die Zutaten und Gewürze mit ins Spiel. Und da wird es dann spannend für die vegetarische Gastronomie.

Welche Lebensmittel eignen sich, um den Heißhunger auf Fleisch zu dämpfen, wenn man gerade umgestiegen ist auf vegetarisch?

Ich denke, die ganze Pasta-Linie ist sehr wichtig – für mich die Einstiegsdroge für einen zukünftigen Vegetarier. Wir haben eine große Auswahl an Pastagerichten. Nehmen wir Spaghetti mit Tomatensauce, das wohl keiner als vegetarisches Gericht bestellen würde, sondern eben als »Pasta«. Aber Spaghetti mit Tomatensauce ist ein tolles vegetarisches Gericht. Auch Pilze sind ganz wichtig, weil sie einen gewissen Biss haben. Wenn sie angebraten sind, werden sie fleischähnlich, auch vom Geschmack her. Und dann geht alles, was eine gute Konsistenz hat. Ich denke an Mais: gebratene Polenta oder Maisschnitten, die man mit dem Messer dann zerteilen muss. Das ist ja das, was die Männer beim Fleisch so mögen, weil sie mit diesem »Säbel« da ran müssen.

Mit welchen Gewürzen kochen Sie am liebsten vegetarisch?

Mit Currys – das sind Gewürzmischungen – in allen Variationen. Viele Länder haben eigene Currys. Wir nehmen besonders gerne welche aus Thailand, Malaysia und natürlich aus Indien. Damit lassen sich ausgezeichnete Variationen kochen. Ich persönlich mag auch frischen Koriander. Aber damit polarisiert man ein bisschen.

Was gibt es an Tipps und Tricks, um Gemüse zu verfeinern?

Als gelernter Koch darf ich das mal so sagen: Man sollte die verschiedenen Grundzubereitungsarten von Gemüse beherrschen. Also zum Beispiel Blanchieren, Sautieren oder Braten. Es wird deshalb oft schlecht gekocht, weil man die Zubereitungsarten nicht kennt. Außerdem ist natürlich wichtig, dass man gut abschmeckt. Dabei gilt es, das Verhältnis zwischen süß, salzig, sauer und scharf abzuwägen. Es muss stimmen, damit es ausgewogen schmeckt.

Was ist noch wichtig, wenn man vegetarisch kocht?

Wichtig ist, dass wir eine richtige Mahlzeit haben. Man sollte nicht meinen, vegetarisch ist einfach ein Haufen Gemüse auf dem Teller. Das wäre keine vollwertige Mahlzeit. Man sollte schauen, dass eine Stärkebeilage dabei ist. Also den Bestandteil, der normalerweise Fleisch wäre, den muss man ersetzen, damit es wieder eine Einheit gibt.

Das Gespräch über vegetarische Gemüsezubereitungen hat mir einmal mehr Appetit gemacht und Lust auf ein weiteres Experiment. Ich schnappe mir eine einsame halbe Sellerieknolle, die von irgendeinem Essen der letzten Tage übrig geblieben ist, und schneide sie in drei Zentimeter große Würfel. Nun dünste ich zunächst ein paar Zwiebeln in Olivenöl an und gebe dann die Selleriestückchen und frischen Ingwer dazu. Zum Schluss gieße ich ein wenig Gemüsebrühe darüber und warte, bis die Stückchen gar sind. Solche kleinen »Snacks« sind natürlich keine vollwertige Mahlzeit im Sinne Rolf Hiltls. Aber warum nicht mal den Appetit zwischendurch mit was Gesundem stillen, das wirklich schnell zubereitet ist? So wie man den Apfel zwischendurch essen sollte statt dem fertigen Grießpudding mit künstlicher Erdbeersauce aus dem Supermarkt, könnte man doch auch Gemüse essen – ohne spätere Reue. Denn kalorientechnisch ist so ein in Öl angebratener Sellerie nicht der Rede wert, ein Durchlaufposten. Es ist aber eben Umdenken erforderlich, wenn man sich einfach so, egal zu welcher Tageszeit, mal kurz Gemüse anbrät, anstatt Chips zu futtern. Deshalb eine kleine Anregung für Veränderungswillige: meine ganz persönlichen, super einfachen (!) Lieblingshäppchen:

Guacamole (meine)

1 Avocado, 3 EL Joghurt, einem Schuss Zitronensaft, mit Salz, Honig und Curry abschmecken.

Cocktailtomaten mit Käse aus dem Päckchen
(von meiner Cousine Claudi)

Ein Stück Feta oder Weichkäse (aus der Salzlake) auf Alufolie legen, drum herum ca. 10 Cocktailtomaten. Auf den Käse eine kleine Zwiebel, klein geschnittene, und einige Blätter frischen Basilikum, darüber ein Schuss Olivenöl und eine Prise Rosenpaprikapulver. Die Alufolie oben verschließen und das Päckchen ca. 20-30 Minuten bei mittlerer Hitze in den Ofen tun. Die kleinen Pakete sehen auf dem Teller hübsch aus und jeder kann seines selbst auspacken.

Gurkensuppe lauwarm oder kalt (auch meine Kreation)

Eine Gurke, Gemüsebrühe, etwas Chili oder Ingwer, eine Prise Garam Masala (das ist eine Mischung aus verschiedenen Gewürzen, darunter Koriander, Nelken, Ingwer, Kardamom, Zimt und Kreuzkümmel) in den Mixer. Einen Schuss Sahne oder Joghurt dazu. Kleingeschnittene Gurkenstückchen und Zwiebeln in den Suppenteller dazugeben, je nach Geschmack auch Croutons.

Und gestern waren sie noch auf der Weide

»Da hängen schon drei Zicklein am Grill«, ruft mein Freund mir vom Hof aus zu, als er nachmittags mit dem Fahrrad von seiner Spähtour zurückkommt. Er ist auf den »Schauinsland« gefahren, den Freiburger Hausberg. Dort wird abends bei der Bergwacht ein Treffen der Bergsteiger stattfinden, die im Sommer gemeinsam in Bolivien den »Sajama« bestiegen haben. Die Bilder dieser Südamerikatour sollen heute gezeigt werden – bei einem Lagerfeuer mit selbst gegrilltem Fleisch, wie es sich für ein zünftiges Bergsteigertreffen gehört.

Als wir abends oben auf dem Schauinsland ankommen, schweift mein Blick zunächst prüfend über ein paar kleine Teller auf dem Tisch: Oliven, Baguette und Bruschetta. Wunderbar, der Abend ist für mich gerettet. Einer der Bergsteiger kommt mir fröhlich entgegen und zeigt auf die drei kleinen Körper der Zicklein, die am Spieß über dem Feuer ihre Runden drehen: »Na, sehen die nicht toll aus? Reine Milchzicklein. Und gestern waren sie noch auf der Weide.« Ich muss mir auf die Zunge beißen, denn am liebsten würde ich laut kundtun, dass die Tatsache, dass die Zicklein gestern noch bei ihrer Mutter auf der Weide standen, mir mitnichten das Wasser im Munde zerlaufen lässt, sondern mir beinahe auch den Appetit auf die vegetarischen Bruschetta verdirbt. Ich überlege ernsthaft, ob ich mich umdrehe und einfach wieder den Berg hinunter ins Tal hinabsteige, der Abendsonne entgegen, und alle Fleischesser und Zickleinmörder hinter mir lasse.

Aber ich beherrsche mich und gebe nicht einmal preis, dass ich mich dem kollektiven Fleischverzehr nicht anschließen werde, denn das würde sofort Fragen aufwerfen. Bloß keine Diskussion lostreten, die mich dann als Missionarin darstellt oder freigibt zum Abschuss in einer archaisch fleischbegeisterten Gruppe. Nachdem mit der euphorischen »Gestern-waren-sie-noch-auf-der-Weide-Botschaft« bei mir nicht viel zu holen war, entfernt sich der heitere Bergsteiger wieder – nichts ahnend und im Geiste wohl schulterzuckend.

Neben dem Grill entdecke ich nun eine riesige Pfanne mit gerösteten Zwiebeln und Bratkartoffeln. Bei näherer Betrachtung sehe ich daneben einige Packungen Speckwürfelchen. Die sollen da offensichtlich rein. Ich könnte es verhindern – zumindest könnte ich mir einen Teller »ohne« sichern –, doch irgendwie habe ich keine Lust, in das Geschehen einzugreifen. Ich stehe da wie das Kaninchen vor der Schlange und lasse den Dingen ihren Lauf. Woher die Antriebslosigkeit? Es kommt also, wie es kommen muss, und somit ist auch die Beilage zum Hauptgang für mich gestorben.

Es wird an die feierlich gedeckte Tafel gerufen. Zu meiner großen Freude entdecke ich hier nun lauter kleine Schälchen mit Pastasalat: ein regelrechtes Fest für mich, den größten aller Pastafans! Spaghetti, Tomaten, Mozzarella – alles, was mein Herz höher schlagen lässt. Damit habe auch ich etwas geschmacklich Interessantes, mit dem ich mich auf dem Teller beschäftigen kann. Denke ich. Aber gerade als ich den Löffel mit den Spaghetti aus dem Schälchen hebe, fallen mir verdächtige kleine, bräunlichgraue Stücke unter den Tomaten auf. Bei näherer Begutachtung stellen sie sich als Sardellen heraus.

Warum kann ich eigentlich nicht wie viele andere Mitte vierzig, auf eine Brille angewiesen sein, die ich an dem Abend aber leider zu Hause vergessen habe? Vermutlich würde man die Stückchen bei den vielen Zutaten nicht einmal schmecken. Aber nun habe ich sie gesehen und damit ist der schöne Pastasalat leider tabu. Mein Freund, der in diesem Moment hin- und hergerissen zu sein scheint, zwischen Mitleid und einem gewissen Amüsement über meine bedauerliche Situation, meint, die Sardellenstückchen seien doch so winzig klein, dass sie gar nicht auffallen ... »Aber wenn man ›fünf grade‹ sein lässt, kann man irgendwann gar nicht mehr zählen«, sage ich und wende mich meiner letzten Abendessen-Alternative zu: Salat. Dreimal lade ich mir den Teller voll – hätte ich mir nur rechtzeitig ein paar der Bruschette gesichert, die waren nämlich ganz schnell weg. Und nachdem alle anderen nun Fleischberge auf ihren Tellern vor sich haben und eine ausgesprochen lecker riechende Sauce, werden munter die Gläser zum Anstoßen erhoben: »Auf den, der die Zicklein getötet hat«, höre ich jemanden rufen. Lachen, zuprosten – ich fühle mich wie aus einer anderen Welt.

Dabei ist es noch gar nicht so lange her, dass ich »eine von ihnen« war. In der Welt der Fleischesser verschließt man Ohren und Augen, Empathie für Tiere ist unerwünscht. Einer der Gäste fragt neugierig, wie lange die Zicklein denn gegrillt wurden, um die Qualität des Fleisches im Vorfeld abschätzen zu können, und der Grillmeister antwortet: »Fünf Stunden – die erste davon haben sie nur geschrien!« Prust, schrei, lach. Das erinnert ein bisschen an die Atmosphäre in Nachrichtenredaktionen: Auch bei den schlimmsten Katastrophen findet sich noch ein Kollege, der eine zynische Bemerkung macht. Sarkasmus ist unter Journalisten Pflicht. Natürlich heißt das nicht, dass sie den Flugzeugabsturz oder das Busunglück tatsächlich leicht nehmen. Sie lenken ab. So erkläre ich mir jetzt – nach diversen Gläsern Wein ganz Menschenfreundin – auch die Reaktion der Bergsteigerfreunde, die bestimmt im Grunde ihres Herzens nicht unsensibel sind. Spaß und Scherz sollen über das Wesentliche hinwegtäuschen: den viel zu frühen Tod der Zicklein, die gestern noch auf der Weide standen. Die Bergsteiger kämpfen verzweifelt, mit letzter Kraft und mit dem Hilfsmittel des Sarkasmus, gegen ihre Empathie an. Aber vielleicht habe ich mir diese Erklärung auch nur »ertrunken« ...

Ein unerwartetes Gefühl

Die weiß-gelbe Creme, die ich am nächsten Tag im Supermarkt entdecke, sieht ausgesprochen lecker aus: »Schwarzwaldcreme« mit Curry und Honig – wenn das nicht mal eine tolle Alternative zum Käse fürs Wochenend-Frühstück ist! Rein in den Einkaufswagen und weiter durch die Gemüseabteilung und vor allem durch die für asiatische Lebensmittel. Rote Linsen und Kichererbsen, man kann nie genug davon haben! Meine langjährige Spaghetti-mit-Tomatensauce-Sucht wird gerade abgelöst durch das Verlangen nach indischen Speisen mit exotischen Gewürzen.

Als mein Freund und ich am nächsten Morgen am Frühstückstisch sitzen, schnappe ich mir meine Entdeckung, die Schwarzwaldcreme. Sie schmeckt! Was da wohl alles drin ist? Ich lese nach und mein Blick fällt auf das Wort »Gelatine«. Und jetzt ist es passiert: Ich habe Gelatine gegessen; unwissentlich, unwillentlich, aber als Vegetarierin. Ich werde es überleben, so viel steht in dem Moment fest. Das eigentlich Interessante ist, dass ich plötzlich von einem neuen Gefühl überrascht werde: Ekel! Juchhu! Endlich ist er da! Ich würde tatsächlich am liebsten das Brot in meinem Mund mitsamt der Gelatine ausspucken, verkneife es mir aber, denn ich möchte nicht, dass mein Freund denkt, ich sei nicht nur Vegetarierin, sondern auch noch hysterisch geworden. Also schlucke ich den Bissen tapfer runter.

Wenn das echter Ekel war, dann könnte mein Leben ab sofort einfacher werden. Ich werde nicht mehr hadern und zaudern, dass mir irgendein vermeintlicher oder tatsächlicher Genuss entgeht. Wenn ich mich vor Produkten vom toten Tier ekle, werde ich freiwillig einen Riesenbogen drum herum machen. Aber kann ich mir trauen? Ekle ich mich wirklich oder rede ich mir das nur ein? Tatsache ist, dass mir die Creme tatsächlich nicht mehr schmeckt, nachdem ich weiß, dass sie Gelatine enthält. Zudem sehe ich unangenehme Bilder vor meinem inneren Auge, Bilder eines Breis aus ausgekochten Knochen und Knorpeln.

Diesem überraschenden Phänomen des plötzlichen Ekels möchte ich auf den Grund gehen. Der Neurobiologe Professor Gerald Hüther von der Psychiatrischen Klinik der Universität Göttingen wird mir hoffentlich weiterhelfen. Er arbeitet auf dem Gebiet der experimentellen Hirnforschung und untersucht die Auswirkungen von allen möglichen Einflüssen auf das Gehirn: die von Angst, Stress, Ernährung, Drogen, Psychopharmaka, Mediennutzung usw. Um herauszufinden, ob mein neuer Ekel »echt« und von Dauer ist, möchte ich zunächst von ihm wissen, was es mit diesem Gefühl überhaupt auf sich hat:

Wie entsteht eigentlich Ekel?

Grundsätzlich ist Ekel ein soziales Gefühl. Ekel hat man zwar individuell, aber die Mimik, die man dabei aussendet, wird von jedem anderen erkannt. Insofern zeigt man durch die Mimik, die übrigens automatisch entsteht, den anderen, dass gerade ein Ekelgefühl entsteht – es ist ein soziales Signal. Es warnt die anderen, dass sie aufpassen sollen, sich an bestimmte Sachen heranzuwagen. Das hat Menschen schon Leben gerettet.

Es kann aber doch sein, dass man sich vor Dingen ekelt, die früher einmal schädlich waren, aber heute nicht mehr?

Genau. Der Ekel bleibt zwar nach wie vor ein soziales Signal, aber wovor man sich ekelt, das kann sich ändern. Der Auslöser des Ekels ist eine soziale Erfahrung – das hängt von der Kultur ab. Zum Beispiel ekeln sich die Chinesen sehr davor, dass wir verfaulte Milch essen und das auch noch Käse nennen!

Wie kann man nun erklären, dass ein Kind, das in einer Fleischesser-Familie aufwächst, sich trotzdem irgendwann vor Fleisch ekeln kann?

Das wäre genau zu prüfen. Es gibt natürlich Unverträglichkeiten. Oder Geschmacksnoten, die einem aus irgendwelchen Gründen sehr unangenehm sind. Zum Beispiel mag kein Kind Bier. Das ist ekelig, denn es ist bitter. Und Bitteres ist grundsätzlich ekelig, das ist angeboren. Aber man kann bestimmte Auslöser, die früher mal Ekel erzeugten bzw. früher mit Ekel assoziiert waren, später durch neue Erfahrungen überlagern, sodass man sich dann nicht mehr vor Bier, Wein oder Kaffee ekelt. Umgekehrt kann man Dinge, vor denen man sich eigentlich gar nicht von Natur aus ekelt, ekelig machen. Ob das geschieht oder nicht hängt damit zusammen, in welcher sozialen Gemeinschaft man aufwächst. Ekel ist etwas, das auch eine Gruppenzugehörigkeit signalisiert. D. h., ich ekele mich am liebsten vor etwas, vor dem sich andere auch ekeln. Leute, mit denen ich mich verbunden fühle. Innerhalb einer Gruppe, die sich verbunden fühlt, ist das auch sehr sinnvoll, wenn das Signal, dass etwas ungenießbar und damit ekelig ist, weiter gegeben wird.

Ist es grundsätzlich möglich, dass ich – auch in meinem jetzigen Alter – noch Ekel vor etwas bisher Gewohntem entwickeln kann?

Ja natürlich. Das geht aber jedem so. Jemand, der sich das Rauchen abgewöhnt hat, der findet auf einmal Tabakrauch ekelig. Auch an Leuten, die er sehr mag, kann er diesen abgestandenen, kalten Zigarettenrauch plötzlich sehr ekelig finden. Und vorher hat der Betreffende jahrelang geraucht und es gar nicht gemerkt.

Was passiert bei einem neu entstandenen Ekel im Gehirn?

Also: Das Gefühl von Ekel und die entsprechende Mimik, das hat jeder. Aber dann kommen Auslöser dazu, die angeboren sind, die man aber wegtrainieren kann, und dann gibt es andere, die waren vorher keine Auslöser, können aber plötzlich welche werden. Das hängt von den sozialen Erfahrungen ab. Durch diese Erfahrungen werden an dieses Netzwerk, das den Ekel erzeugt, neue Inhalte angehängt, die vorher nicht da dran hingen.

Wäre das in einer Kernspintomografie sichtbar?

Klar. Auch bei Ihnen hätte man das jetzt gut untersuchen können. Bevor jemand einen Ekel, z. B. den gegenüber abgestandenem Zigarettenrauch, entwickelt hat, hätte man ihm einen Aschenbecher zeigen können und da wäre nichts im Gehirn »angegangen«, im Gegenteil, vielleicht hätte er sogar Appetit bekommen. Und jetzt würde man sehen, dass da bestimmte Bereiche im limbischen System aktiviert werden. Aber nicht nur dort, sondern auch in den speziellen Bereichen, die die Gesichtsmuskulatur in diese spezifische Ausdrucksform bringt.

Sie beschäftigen sich ja auch mit der Auswirkung von Ernährung auf das Gehirn. Wird sich mein Gehirn durch die vegetarische Kost verändern?

Das ist viel zu komplex, als dass man das so sagen könnte. Auf jeden Fall bekommen Sie eine völlig neue Darmflora und die ist ein Riesenlebensraum, in denen viele Bakterien und andere Mikroorganismen leben, die alle möglichen Stoffe produzieren, die wir zum Leben brauchen und die uns auch beeinflussen. Und wenn man plötzlich von Fleisch umstellt auf vegetarische Ernährung, verändert sich diese Flora natürlich. Der Darm selbst produziert dann auch andere Substanzen, die es sonst normalerweise in diesen Mengen nicht gegeben hätte, dafür fehlen andere. Das hat alles Einfluss auch auf Ihr Gehirn. Aber selbst dieser hohe Ballaststoffanteil, der dazu führt, dass der Darm so schön ausgefegt wird, und der dazu führt, dass Sie plötzlich ein ganz anderes Gefühl im Bauch haben, wird Ihr Empfinden verändern, wirkt sich also auch auf Ihr Gehirn aus.

Die Vorstellungen eines »ausgefegten Darms«, anderer Gefühle im Bauch und eines neuen Empfindens klingen wirklich gut – ein motivierendes Gespräch.

Ein »Wort zum Sonntag«

Im Fernsehen sitzt der Pfarrer der heutigen Sendung von »Das Wort zum Sonntag«, Michael Broch, auf einer Empore. Neben ihm liegt Amy, eine Jagdhündin mit gelbem Halstuch, die ziemlich heftig schnauft. Thema ist das Verhältnis von Mensch und Tier, passend zum Motto »Mensch und Tier« des ökumenischen Kirchentages 2010 an diesem Augustwochenende, dem allerersten in Deutschland, der Tiere mitberücksichtigt.

Dieses »Wort zum Sonntag« ist ein engagiertes Plädoyer dafür, Tiere anders zu betrachten als bisher, nämlich das Tier bewusst als Teil der Schöpfung wahrzunehmen und entsprechend mit ihm umzugehen. Pfarrer Michael Broch mahnt, wir sollen erkennen, »wie wichtig und schön es ist, dass wir unsere Mitgeschöpfe haben«, und dass wir auf sie angewiesen sind. »Frag doch die Tiere, sie lehren es dich; frag die Vögel des Himmels, sie künden es dir!«, zitiert er aus dem Buch Hiob (12,7). Broch meint, dass Tiere sogar ein Schöpfungs- und Lebensgeheimnis in sich tragen, ein verborgenes Wissen um Gott. Als Beispiel erinnert er an die Tiere, die den Tsunami 2004 in Südostasien vor seinem Eintreten gespürt haben und rechtzeitig vom Meer in höhere Regionen geflohen sind. Diese besondere Begabung, so sagt Broch, habe schon der große christliche heilige Franz von Assisi vor 800 Jahren erkannt. Für ihn seien Tiere Mitgeschöpfe gewesen, »verständig und beseelt«, die fühlen und treu sind, sich freuen, aber auch leiden, wenn sie sinnlos gequält werden. Und so antwortet auch Pfarrer Broch, wenn er von Kindern gefragt wird, ob Tiere in den Himmel kommen, mit »Ja«.

Die Sendung hat mich neugierig gemacht, denn bislang habe ich seitens der Kirchen eine eindeutige Stellungnahme gegen Massentierhaltung und den ausufernden Fleischkonsum vermisst. Ich möchte nun zumindest von diesem Kirchenvertreter erfahren, was er von der industriellen Tierhaltung hält, von Tiertransporten und dem Leid, das Tiere täglich erfahren müssen, weil Menschen sie essen wollen. Ich rufe ihn an.

Pfarrer Broch, mich interessiert, was Sie als Kirchenmann von unserem Umgang mit Tieren halten, deren Fleisch wir essen.

Es ist eine schreckliche Katastrophe! Die Tiertransporte, die Massentierhaltung, man kann anfangen, wo man will – es ist schlichtweg grauenhaft, was mit den Tieren passiert. Und so was kann nicht gut gehen. Es ist eine totale Verachtung und Missachtung unserer Mitgeschöpfe und der Schöpfung.

Wie kann man gegen diese Missachtung der Tiere vorgehen?

Da bin ich relativ hilflos. Man könnte höchstens Petitionen an die Politik richten. Man müsste Botschafter finden. Prominente, zum Beispiel Schauspieler, so wie damals Brigitte Bardot, die sich für die Tiere einsetzen. Es geht ja nicht darum, dass wir jetzt alle Vegetarier werden. Aber es geht darum, dass Tiere artgerecht gehalten werden müssen. Und auch wenn sie geschlachtet werden, muss dies artgerecht sein.

Haben Sie ein Beispiel dafür, wie »artgerechte« Schlachtung aussieht?

In meinem Verwandtenkreis hat jemand eine Metzgerei und dort holen sie die Tiere nur aus bestimmten Ställen, von denen sie wissen, dass sie auch auf der Weide stehen dürfen. Bevor die Tiere geschlachtet werden, übernachten sie in einem eigenen Stall bei der Metzgerei. Das deshalb, damit sie erst mal wieder zu sich kommen, weil sie ja spüren, dass was passiert … das klingt natürlich auch grausam.

Bemerken Sie denn in der Kirche ein Umdenken, wenn es um den Umgang mit »Nutztieren« geht?

Ja, das merke ich. Da gibt es ein Umdenken. Die Zeiten sind endgültig vorbei, wo kein Baum in der Theologie rumstehen durfte und kein Huhn durch die Frömmigkeit tappen. Es gibt eine neue Sensibilität. Man denkt jetzt mehr schöpfungstheologisch nach. Vorher war es immer nur: Mensch – Gott. Also »ich und mein Herrgott«.

Wie entstand dieses Denken in der christlichen Religion, das nur auf den Menschen fixiert war und Tiere außer Acht ließ?

Das Christentum beerbt zwei Kulturkreise. Einmal das Judentum. Das war keine Naturreligion. In der Wüste musste man ums Leben kämpfen, um Wasser. Und dann beerbt das Christentum das Römische. Für die Römer, Cicero z.B., waren die Tiere nichts. Einfach nur Gebrauchsgegenstände. Und dann gibt es eben auch große Theologen in der Kirche, z.B. Augustinus oder Thomas von Aquin, die hatten keine schöne Antwort auf die Tiere. Vieles damals war schöpfungsunfreundlich.

Ein hoffnungsvoller Ansatz war er zumindest, der erste Kirchentag für »Mensch und Tier« im Jahr 2010. Leider war er nicht gut besucht, von 5000 erwarteten Besuchern kamen nur 1000. Aber das Wetter war schlecht und die Veranstalter wollen sich nicht entmutigen lassen und sprechen von »einem Samenkorn, das wächst«. Bleibt zu hoffen, dass sie Recht behalten werden und sich die Kirche künftig noch mehr auch für Tiere verantwortlich sieht.

TEIL 4

Herbst der Enthaltsamkeit

Eine Woche Urlaub am Lago Maggiore: wandern, lesen und schlemmen – das ist der Plan. In unserem kleinen Hotel kocht la Mamma höchstpersönlich frisch Erjagtes und Gesammeltes aus Wald und Wiesen. Hier ist Halbpension eine wahre Herausforderung für eine »junge« Vegetarierin. Nicht umsonst sind die Hauptanliegen der Gäste um diese Jahreszeit, neben den herbstlichen Wanderungen, die abendlichen opulenten Gaumenfreuden. Deswegen sind auch wir hier.

Die familienbetriebene Villa liegt hoch über dem Lago in der kleinen Ortschaft Ghiffa und in meinem Reiseführer wird ihre Küche besonders gelobt. Aus einer fünfseitigen Speisekarte können wir nach Belieben drei Gänge zusammenstellen und jeden Tag aufs Neue kombinieren und auswählen. Natürlich ist es das Ziel eines jeden Gastes, einmal die Speisekarte rauf und runter zu probieren, um am Ende der Woche sagen zu können, ob nun die »Ravioli di Cinghiale al burro e salvia con Parmiggiano Reggiano« (Wildschweinravioli) oder die »Costine di Cervo con Funghi Porcini« (Hirschkoteletts) die beste Wahl waren. Bei rund 30 Gerichten fällt es wirklich schwer, sich zu entscheiden. Es sei denn, man ist Vegetarier. Dann ist die Sache ganz einfach. Nicht einmal eine Hand voll der angebotenen Köstlichkeiten ist vegetarisch. Irgendwie habe ich meinen Selbstversuch zeitlich ungünstig gelegt – ich hätte ja damit auch bis nach der Wildsaison des Piemont warten können. Zu spät. Aber den richtigen Zeitpunkt gibt es nie.

Für mich hat die Karte also folgende Highlights zu bieten: einen gemischten Salat, Tomaten mit Mozzarella, Risotto mit Käse und Pasta mit Steinpilzen. Das klingt erst einmal gar nicht schlecht, doch im Laufe einer ganzen Woche, in der man erst den »primo« und dann den »secondo piatto« auswählen soll, geht dem Vegetarier die Fantasie für Kombinationen früher oder später aus – während die übrigen Mitreisenden sich kaum entscheiden können, was sie nun heute wieder Tolles ausprobieren wollen. Ihre staunenden »Ahs« und anerkennenden »Ohs« begleiten jeden Abend ihre eigenen drei Gänge, während mir am dritten Abend ein kleines »Seufz« entwischt, das am vierten Abend lauter wird und sich auch am fünften Abend nicht zurückhalten lässt – es gehört ab jetzt zu mir. Gestatten: Mein Name ist »Seufz. Birgit Seufz«.

Meine Tischgefährten versuchen es mit wohlmeinenden Worten: »Sei doch nicht so streng mit dir…«, »Die Tiere sind doch eh schon tot« oder auch konspirativ flüsternd: »Es muss doch keiner davon erfahren …« Eine verführerische Vorstellung, sich darauf einzulassen. Schließlich gibt es nicht immer und überall: »Hirschkoteletts mit Steinpilzen«, »Reh mit Polenta«, »Wildschweinravioli an Butter, Salbei und Parmesan«, »Kaninchen mit Markt-Gemüse«, frische Fische aus dem Lago Maggiore in allen Variationen und Muscheln in Knoblauch-Weißwein-Sauce. Denn September, ein Monat mit »r«, ist zu allem Überfluss auch noch Muschelzeit. Und hier sind sie so frisch, wie sie es nur sein können.

An unserem Tisch werden sie mehrfach genossen, jeder will sie mal probieren. Ich auch. Muscheln. Kriegen die überhaupt was mit? Würden sie es krumm nehmen, wenn ich mal eine von ihnen probiere? Aber letzten Endes weiß ich: Mein schlechtes Gewissen würde mich einholen. Lass ich das also lieber. Ich werde es überleben.

Am letzten Abend, als es mir einfach nicht mehr gelingt, mich zum fünften Mal auf die Pasta mit Steinpilzen zu freuen, geschieht dann doch noch Folgendes: Aus sehr geringer Entfernung steigt mir der Duft der Muscheln in die Nase – vom Platz meiner Freundin, die sie sich schon zum zweiten Mal bestellt hat. Ich schnappe mir ein Stück Weißbrot aus dem

Korb und tauche es in die Knoblauch-Zitronen-Sauce unter dem Berg leerer Muschelschalen auf ihrem Teller. Was für ein Genuss! Was für ein verbotener Genuss. Aber im Nachhinein bin ich froh, dass ich mich nur zu dieser kleinen Sünde habe hinreißen lassen. Die Woche hätte auch anders ausgehen können – eine Woche, in der die Verführung überall lauerte. Jedenfalls die in der Küche.

Der ganz normale Martinsgans-Wahnsinn

November ist die Zeit eines feierlichen Festtagsessens, die Zeit der Martinsgänse! Während mich in den Jahren zuvor die Zeitungsanzeigen der Restaurants schon Wochen vorher von gemütlichen badischen Gaststätten träumen ließen, lösen in diesem Jahr zwei gut gemeinte Essenseinladungen, die ich nicht ausschlagen kann, weniger Vorfreude bei mir aus. Um den über achtzigjährigen Eltern meines Freundes kein unnötiges Kopfzerbrechen zu bereiten, beschließe ich, mein Vegetariertum im Vorfeld des großen Mahls lieber nicht zu thematisieren.

Als wir schließlich an der feierlich gedeckten Tafel sitzen und die kleinen Antipasti hinter uns haben, kommt mein »Problem« dann doch zur Sprache. »Das macht aber gar nichts«, versuche ich die Gastgeber zu beruhigen. »Von der leckeren Vorspeise bin ich sowieso schon so gut wie satt!« Das ist gelogen – aber für einen guten Zweck. Vor meinen Augen wird dann die Gans zerlegt, die trotz aller Überzeugung, das Richtige zu tun, auch in meiner Nase schlicht wunderbar duftet. Schnell stelle ich mir vor, wie sie arglos und zutraulich ihr Dasein genoss, bis jemand sie kurzerhand am Genick packte und tötete. Durch derartige »Hilfsgedanken« versuche ich mich für Rotkraut und Klöße ohne Sauce zu begeistern, doch es will nicht so richtig gelingen. Ich beginne darüber nachzudenken, ob ich nicht wenigstens von der Füllung nehmen darf, von der gerade am Tisch geschwärmt wird: »Da ist nur Gutes drin: Nüsse, Karotten, Fenchel … und Leber.«

Während sich zehn Menschen um mich herum die besten Fleischstücke herauspicken, um sie mit der leckeren braunen

Sauce genüsslich zu verzehren, kaue ich lustlos auf einem trockenen Knödel herum, der auch durch das Rotkraut nicht saftiger zu werden bereit ist. Ich tröste mich damit, dass es genügend Menschen gibt, die sich auch über diese Beilagen freuen würden. Ich höre meine Oma noch sagen – wie das wahrscheinlich jede Oma beim Anblick eines nicht aufgegessenen Tellers gerne sagte: »Denk an die armen Kinder in Afrika.« Es war mir als sechsjähriges Mädchen nie so richtig klar, was sie davon haben sollten, wenn ich meinen Teller aufesse – aber jetzt hat der Satz eine andere Bedeutung: runter vom Luxus, verzichten und dadurch anderes schätzen lernen.

Das zweite Gansessen steht an. »Natürlich komme ich!«, antworte ich auf die mitfühlend anmutende Frage, ob ich mich den Gefahren einer »Gans-Zeremonie« wirklich aussetzen möchte, man würde auch verstehen, wenn ich mich nicht quälen wolle. Wenn ich aber käme, würde man sich freuen, und die Gastgeberin stellt mir sogar einige Ersatzprodukte aus Tofu in Aussicht, die noch von ihrem mittlerweile flügge gewordenen Sohn, auch ein Vegetarier, übrig seien. Nun zeige ich genau die Reaktion, die mir Monate zuvor bei anderen Vegetariern noch Rätsel aufgab. Ich winke nämlich ab mit den Worten: »Lass mal, mach dir keine Umstände. Ich finde Rotkraut und Kartoffelknödel absolut ausreichend.« Auch ich will keinem zur Last fallen und habe den Anspruch an mich selbst, genügsam zu sein. Einmal mehr erinnere ich mich daran: Verzicht und die Erfahrung, wie es einem damit geht, ist Teil der Metamorphose, an deren Ende man sicherer und stärker ist als vorher. Reduktion heißt der Trend.

Dann ist es so weit: Die Kürbissuppe, die ich zum Gansessen mitbringen soll, ist fertig und ich bin sehr zuversichtlich, dass der Abend nicht nur anregende Gespräche bringen wird, sondern – auch ohne Gans – kulinarische Genüsse. Schließlich weiß ich am besten, wie köstlich meine Kürbissuppe schmeckt. Mit dem Topf bewaffnet werde ich in der Altbauwohnung meiner Freundin Richtung Küche geleitet. Hier herrscht reges Treiben, denn jeder hat irgendeine Aufgabe. Bei den im Vorfeld angepriesenen Tofu-Produkten zeigt sich gerade, dass das Verfallsdatum vor ungefähr einem Jahr abgelaufen ist. Aber dafür hat Freund K. eigens für mich ein Extraportion Rotkraut mitgebracht, denn das Kraut, das er für die übrigen Gäste zubereitet hat, wurde mit einer saftigen Portion Gänseschmalz verfeinert. »Aber es soll das Beste weit und breit sein!«, sagt K. und zeigt auf das Gläschen, dessen Inhalt dann auch in einem eigenen Töpfchen für mich erwärmt wird. Der einzige andere Vegetarier im Freundeskreis erscheint nicht. Schade. Ich hätte gerne einmal jemanden an meiner Seite gehabt zum gemeinschaftlichen Leiden. Wobei: Vielleicht hätte er ja gar nicht gelitten. Nicht jeder Vegetarier leidet, es soll auch durch und durch glückliche geben – selbst wenn ihr Blick auf eine knusprig gebackene Gans gerichtet ist.

Beim gemeinsamen Essen merke ich, dass ich einen großen Schritt weiter bin: Das erste Gansessen ohne Gans war deutlich härter als das zweite. Es war sozusagen die Feuertaufe. Diesmal male ich mir nicht mehr aus, wie es sich anfühlt, ein saftiges Stück Fleisch zu zerkauen, wie die Sauce wohl schmeckt ... Ich muss keine Bilder von glücklichen Gänsen herbeizaubern, die hinterlistig ermordet werden, um den Appetit auf Fleisch loszuwerden. Ich bin wie ein trockener Alkoholiker, der kein Problem damit hat, Flaschen vor sich stehen zu sehen, weil es für ihn schlicht kein Thema mehr ist. Jetzt bin ich also gerüstet: Von mir aus können weitere Gansessen folgen.

Zu dieser Zeit erreicht Deutschland die Nachricht einer Begnadigung. Die Truthähne »Apple« und »Cider« verdanken es US-Präsident Obama, dass sie das Jahr 2010 überleben. Beide »Prachtexemplare«, wie sie in den Medien genannt werden, wiegen je rund 20 Kilo und waren als Festtagsbraten für Thanksgiving auserkoren. Stattdessen wurden die Tiere in einer traditionellen Zeremonie im Rosengarten des Weißen

Hauses begnadigt. Die erste dieser alljährlichen präsidialen Truthahnbegnadigungen fand im Jahr 1863 statt, als Tad, der zehnjährige Sohn von Abraham Lincoln, seinen Vater bat, den liebgewonnenen designierten Thanksgiving-Braten »Jack« am Leben zu lassen. Die Geburtsstunde einer schönen Tradition, bliebe da nicht ein bitterer Beigeschmack: Einerseits lässt man Gnade walten, andererseits wurden zu Thanksgiving 2010 gnadenlos rund 45 Millionen Truthähne geschlachtet.

Das Beispiel von Tad Lincoln, genauso wie die vegetarische Phase meines eigenen Sohns, scheint mir eine Regel zu bestätigen: Kinder setzen sich für Tiere ein. Auch mein Vater hat mir kürzlich von einem prägenden Erlebnis aus seiner Kindheit erzählt: Monatelang hatte er sein Hanserl, einen weißen Hasen mit roten Augen (»roter Wiener«), gefüttert und umsorgt, als dieser eines Tages geschlachtet und gebraten auf dem Backblech lag. Es war Krieg und es gab nichts mehr zu essen, also hatte sich die Großmutter den Hasen geschnappt. Als Hanserl tot vor der Familie auf dem Tisch lag, brach mein Vater in Tränen aus. Weitere Familienmitglieder begannen zu schluchzen. Schließlich führte dieses Klagen dazu, dass der Hase nicht verspeist, sondern verschenkt wurde. Noch heute isst mein Vater keinen Hasen.

Meine Kürbissuppe

Man nehme einen mittelgroßen Hokaido-Kürbis, entferne die Kerne und zerteile ihn in mittelgroße Stücke. Diese mit einem Esslöffel frisch geriebenem Ingwer in Rapsöl anbraten. Mit 500 ml Gemüsebrühe und eine Dose Kokosmilch weich kochen, salzen, pfeffern und pürieren. Zum Schluss einen Esslöffel Honig und einen Schuss Weißwein hineintun.

Das improvisierte Dinner

»Was wollen wir heute unternehmen?«, fragt mein Freund am Samstagabend und hat bereits das Kinoprogramm von Freiburg auf dem PC-Bildschirm. »Wir könnten natürlich auch was kochen.« Diese Idee gefällt mir besser, denn ich habe G. und W., die heute auch noch zu uns stoßen wollen, schon länger nicht gesehen. Mir entgeht aber nicht, dass das Telefonat meines Freundes mit beiden mit dem Satz endet: »Okay, dann kauft jeder was ein und wir schmeißen alles zusammen.« Alles zusammenschmeißen? Mir schwant Übles. Erstens hat er im Gespräch den Hinweis vergessen, dass ich weiterhin kein Fleisch esse und das nicht nur eine kurze Sommerlaune war, und zweitens kann man gerade bei vegetarischen Gerichten nicht einfach »irgendwas zusammenschmeißen«. Es ist nach meiner bisherigen Erfahrung viel schwieriger, alle Sinne mit Gemüse zu befriedigen als mit einem noch so einfallslosen, simplen Gulasch. Also fordere ich meinen Freund dazu auf, G. und W. noch einmal anzurufen und eine genaue Absprache inklusive Aufgabenteilung vorzunehmen. Ich bitte ihn auch darum, mein »Problem« kurz zu erwähnen. Allein seine Seite des folgenden Gesprächs mitzuhören bringt mich fast dazu, meinen neuen Standardspruch loszulassen: »Kümmert euch einfach nicht um mich, das wird ja alles viel zu kompliziert.« Aber es wird doch noch eine Lösung gefunden: Wir bringen das Hauptgericht mit, G. und W., die das Abendessen bei sich zu Hause ausrichten wollen, kümmern sich um die Vorspeise und den Nachtisch. Das wird spannend – ein Überraschungsmenü.

Wir werden tatsächlich nicht enttäuscht. Die Gastgeberin hat feine kleine Häppchen hergestellt: getoastete Weißbrote mit selbstgemachtem rotem und grünem Pesto, garniert mit

Parmesan für mich und mit einer Königsgarnele bzw. einem Stück Parmaschinken für die Nicht-Vegetarier. Und als ob das nicht schon gereicht hätte, als zweites Entrée ein echter Clou: warme Chicorée-Blätter. So was habe ich noch nie gegessen – ein tolles Geschmackserlebnis. Unser Beitrag, Parmiggiana, also Auberginen mit Tomatensauce und Parmesan, kommt in einer eigenwilligen Verfeinerung meines Freundes mit Rosinen, Mandeln und Kapern daher und stellt das Hauptgericht dar. Und schließlich ein vegetarisch absolut korrektes Dessert: ein gelatineloses Kirschwasserparfait mit Sauerkirschen. Ein hervorragendes improvisiertes Menü – und da es sich sicher in keinem Rezeptbuch der Welt findet … so wird's gemacht:

Impro-Menü für Vegetarier mit fleischessenden Freunden

ENTRÉE

Tomatenpesto

10 getrocknete Tomaten (in Öl eingelegt)
30 g geröstete Pinienkerne
30 g Parmesan, frisch gerieben
1 Knoblauchzehe
1 Peperoncino (getrocknete Chilischote)
Salz

Rucolapesto

1 Bund Rucola
30 g geröstete Pinienkerne
30 g Parmesan, frisch gerieben
Olivenöl
1 Knoblauchzehe
Salz, Pfeffer

Alle Zutaten im Mörser fein verreiben oder mit dem Pürierstab aufmixen. Die Rezepte ergeben jeweils etwa 120 g Pesto für etwa 20 Crostini. Pesti lassen sich im Kühlschrank gut aufbewahren, wenn die Oberfläche mit Öl bedeckt wird.

Auf dem Weißbrot dann entweder mit einem Stück Parmesan, einer Königsgarnele oder einem Stück Parmaschinken garnieren.

Gebratener Trevisano oder Chicorée

4 Trevisano oder Chicorée

6 El Olivenöl

2 El Pinienkerne

2 El Aceto balsamico

1 El Honig

Salz, Pfeffer

Olivenöl in der Pfanne erhitzen, Blätter bei mittlerer Hitze 3–4 Minuten von jeder Seite braten. Die Pinienkerne, Essig und Honig dazugeben, salzen und pfeffern. Heiß als Vorspeise servieren

HAUPTGERICHT

Parmiggiana mit Kapern, Pinienkernen und Rosinen

4 Auberginen in dünne Scheiben schneiden, beidseitig mit Salz bestreuen und ca. eine halbe Stunden auf Küchenpapier legen. Das sich bildende Wasser regelmäßig abtupfen (so gehen die Bitterstoffe raus). Währenddessen eine Tomatensauce zubereiten. Die Auberginen beidseitig anbraten. In eine Auflaufform Schichten legen: zuunterst die Auberginen, darauf die Tomatensauce sowie etwas Käse (zum Beispiel Primo Sale). Zusätzlich können je nach Geschmack Kapern, Rosinen, Datteln, Nüsse, Pinienkerne und Mandeln dazugegeben werden.

Abschließend selbst geriebenen Parmesan darüber geben und im vorgeheizten Ofen 30 Minuten backen.

DESSERT

Schwarzwälder Tannenhonigparfait mit Sauerkirschsauce
(Rezept einer Leserin der *Badischen Zeitung*)

Tannenhonigparfait
4 Eigelb
125 ml Tannenhonig
250 ml Sahne
1,5 Schnapsgläser Kirschwasser

Die Eigelbe mit dem Honig im Wasserbad schaumig schlagen, bis sich große Blasen bilden und die Mischung sämig wird. Rühren, bis sie abgekühlt ist. Die Sahne schlagen und vorsichtig darunter ziehen. Mit Kirschwasser abschmecken und in Formen füllen. Mindestens anderthalb Stunden in der Tiefkühltruhe kühlen, dann servieren.

Sauerkirschsauce
400 ml Kirschsaft
50 g Zucker
2 Zimtstangen
1 aufgeschlitzte Vanilleschote
3 Sternanis
1 EL Speisestärke, mit etwas kaltem Wasser angerührt
300 g Sauerkirschen

Kirschsaft und Zucker mit den Gewürzen bis auf 250 ml einkochen. Gewürze aus dem eingekochten Kirschsaft entfernen, Sauce mit angerührter Stärke binden, Kirschen unterheben und in der heißen Sauce etwa 30 Minuten ziehen lassen.

Status quo nach einem halben Jahr

Mein ständiger Heißhunger auf Süßigkeiten hat sich in Luft aufgelöst, dabei habe ich zeitlebens gegen meine Schokoladensucht angekämpft! Wenn mich mein Sohn als Kind bat, Schokolade vom Einkaufen mitzubringen, hatte ich eine besondere Strategie: eine Sorte finden, die ich nicht besonders mochte. Der Haken daran war leider, dass mir in der Not jede Schokolade schmeckte. Im Grunde hätte ich ihm nur Butter- und Haferkekse mitbringen dürfen – das Einzige, was vor mir sicher war.

Wenn ich jetzt Lust auf was Süßes habe, dann denke ich noch nicht einmal an Schokolade, sondern an Grapefruits oder Äpfel. Obst als Ersatz für Süßigkeiten hätte ich mir früher nicht wirklich vorstellen können, obwohl ich natürlich gesundheitspädagogisch vorbildlich 1000-mal zu meinem Sohn gesagt habe: »Wenn du Lust hast auf etwas Süßes, dann iss einen Apfel.« Insgeheim habe ich natürlich gedacht: »Was für ein Schwachsinn« und musste aufpassen, dass ich nicht plötzlich in lautes Gelächter ausbrach. Wobei es bei meinem Sohn sogar häufig funktionierte, er aß dann wirklich einen Apfel. Vielleicht, weil er damals Vegetarier war? Gibt es vielleicht wirklich einen Zusammenhang zwischen häufigem Fleischverzehr und dem Bedürfnis nach Süßigkeiten?

Ich meine, den gibt es. In der Vergangenheit habe ich die Erfahrung gemacht, dass mein Körper nach dem Verzehr von Deftigem nach Süßem verlangte und umgekehrt. Das konnte am Tag zigmal hin und her gehen, ein richtiger Teufelskreis. Obwohl mir die üblichen körperlichen Folgen, d.h. die Amerikanisierung meiner Figur, erspart blieben, hatte ich dabei kein gutes Gefühl, weil mir klar war, dass gesunde Ernährung anders aussieht. Jetzt erlebe ich dieses Hin und Her nicht mehr. Ich esse Gemüse, ein hartes Ei oder Käse (am liebsten Parmesan am Stück mit Crema di Balsamico) und danach ein Joghurt, vielleicht mit einem Löffel Honig oder Sanddorn, und bin zufrieden. So habe ich mir das immer gewünscht. Und wahrscheinlich habe ich deswegen auch seit fast einem halben Jahr drei Kilo weniger auf den Rippen – ohne dass ich gezielt etwas dafür getan hätte. Außerdem habe ich keine brüchigen Fingernägel mehr. Seit vielen Jahren hatte mich das genervt. Ob es so bleibt? So weit die körperlichen Veränderungen. Die wichtigste psychische, die schöne »geistige Leichtigkeit« (des Seins), die mich nun schon seit Monaten mit meinem neuen Freund Kafka verbindet, habe ich ja schon beschrieben.

Und noch etwas hat sich verändert: Ich merke, wie meine Toleranzgrenze sinkt. Ich empfinde heute anders als früher, wenn Menschen mir erzählen, dass sie zwar Tiere essen, aber kein schlechtes Gewissen haben müssen, da sie nur Fleisch aus Bio-Erzeugung kaufen. Früher hätte ich das wohl ähnlich gesehen. Aber längst geht es mir nicht mehr nur darum, dass die Tiere gut gehalten werden und beim Töten keine Schmerzen empfinden, sondern ich stelle für mich persönlich unser Recht, Tiere zu töten, in Frage. Der Erwerb der etwas teureren Bio-Wurst bei Aldi ist ein zu kleiner Schritt auf dem Weg zu einem ökologisch und ethisch korrekten Verhalten, wie ich es mir wünschen würde. Aber auch wenn jemand bereit ist, für das Huhn 3 Euro mehr auszugeben, und meint, dass löse ihn aus der Verantwortung, dann ärgert mich das eher noch. Natürlich erwarte ich von niemandem, dass er meine Gedanken übernimmt und auch Vegetarier wird. Ich weiß selber nicht einmal, ob ich mein Leben lang Vegetarierin bleiben werde. Aber ein schlechtes Gewissen, weil ein Wesen für den kurzfristigen Genuss sterben musste, schadet nicht. Fleisch essen mit schlechtem Gewissen ist mir jedenfalls sympathischer, als es sich mit dem Hinweis auf »Bio« mit der größten Selbstverständlichkeit einzuverleiben, als hätte man sich mit dem Siegel auch moralisches Recht erkauft.

Und was mich immer mehr ärgert, ist der Hinweis darauf, dass wir Menschen eben schon immer Tiere gegessen haben. Neulich habe ich mich beim Abendessen mit Freunden sogar dazu hinreißen lassen, daraufhin recht giftig zu erwidern: »Ja, und unsere Vorfahren haben früher auch mit großer Selbstverständlichkeit Frauen vergewaltigt und sich gegenseitig abgeschlachtet – sollte das deshalb heute auch wieder in Ordnung sein?« Immerhin könnten wir alle Friedens- und Solidaritätsbemühungen gleich aufgeben, wenn wir unser künftiges Handeln von der Vergangenheit des Menschen ableiten. Im nächsten Moment wurde es mucksmäuschenstill und ich habe mir auf die Zunge gebissen statt auf die eigens für mich vegetarisch belegte Pizzahälfte. Ich muss mich in Acht nehmen: Niemals wollte ich zur Missionarin werden …

Aber ich will das leidige »Schon immer«-Argument dennoch zum Anlass nehmen, auch in der Hinsicht mal Licht ins Dunkel zu bringen. Also, was heißt das überhaupt: »Schon immer«? Schließlich sind wir nicht »schon immer« die Menschen, die wir heute sind. Dazu möchte ich Dr. Ottmar Kullmer vom Senckenbergmuseum in Frankfurt befragen. Er ist Paläoanthropologe, also Urmenschenforscher.

Wann betrat denn der »erste Mensch« die Weltbühne?

Ich persönlich würde den »Homo rudolfensis«, der vor ca. 2,5 Millionen Jahren in Malawi lebte (und vor ca. 1,9 Millionen Jahren auch in Kenia in Ostafrika), als Urmenschen bezeichnen. Der Begriff »erster Mensch« ist für mich nicht definiert. Wenn wir damit unsere eigene Art »Homo sapiens« meinen, so würde ich sagen, dass der »erste Mensch« der späte archaische »Homo sapiens« war, der vor ca. 200 000 Jahren wiederum in Afrika entstand – das ist z. B. durch Fossilien aus Omo/Kibish in Äthiopien überliefert.

Wann haben die Menschen oder ihre Vorfahren angefangen, Fleisch zu essen?

Wir haben an Tierknochen, die in Fossilien gefunden wurden, Schnittspuren entdeckt. Diese stammten aus der Zeit von vor 2,5 bis 2,6 Millionen Jahren. Das heißt, die Urmenschen haben da schon gezielt Steinwerkzeuge eingesetzt, um Knochen vom Fleisch zu befreien. Ob nun die Urmenschen vor dieser Zeit, also noch vor 2,5 Millionen Jahren, die ersten Vorfahren waren, die Fleisch aßen, ist leider bislang nicht mit Fossilien belegbar. Wir können nur spekulieren, dass die Vormenschen, die Australopithecinen [Vormenschen vor der Gattung »Homo«; sie lebten vor ca. 6 Mio. bis 2,5 Mio. Jahren], die noch keine Steinwerkzeuge herstellten, vielleicht reine Vegetarier waren oder ob sie auch schon tierische Nahrung, z. B. in Form von gesammelten Insektenlarven, zu sich nahmen.

Kann man nachvollziehen, warum der Urmensch Fleisch gegessen hat?

Der opportunistisch getriebene Urmensch hat vor 2,5 bis 2,6 Millionen Jahren offensichtlich angefangen, einen größeren Anteil an Fleischnahrung in seinem Speiseplan aufzunehmen, damit er von saisonalen Engpässen pflanzlicher Nahrungsquellen unabhängig war. Er hat sich also Alternativen gesucht für Zeiten, in denen seine normale Nahrung nicht verfügbar ist. Der Vorteil in Zeiten klimatischer Schwankungen ist, dass ich dann bei meiner Nahrungssuche mehr Möglichkeiten habe.

Angenommen, wir hätten immer paradiesische Zustände gehabt bei der Nahrungssuche – Nüsse, Früchte und Pflanzen in Hülle und Fülle –, hätte der Mensch dann überhaupt zum Fleisch gegriffen und hätte er sich ohne Fleisch genauso weiterentwickeln können, wie er es mit getan hat?

Ich denke, dass wir grundsätzlich zu wenig darüber wissen. Eine der Hauphypothesen sagt ja, dass unsere Gehirnvergrößerung erst möglich war durch einen großen Anteil an tierischem Eiweiß in der Nahrung. Ob das jetzt normales Fleisch war oder Meeresgetier oder Insekten – jedenfalls hochenergetisches Eiweiß –, das sei mal dahingestellt. Aber wir haben einen Schub in der Gehirnvergrößerung vor ca. 2,5 Millionen Jahren gegenüber den Australopithecinen, die sehr vergleichbar sind mit den heutigen Menschenaffen. Dennoch ist vieles in diesem Bereich Spekulation, wir haben nur Indizien und können nicht einmal genau sagen, wie hoch der Fleischanteil in der Nahrung der Urmenschen war. Ich sehe eher als Vorteil der Fleischnahrung, dass man da ein Energiedepot anlegen konnte. Das schaffte wiederum die Möglichkeit, andere Dinge zu tun, statt ständig nach Nahrung zu suchen.

Heute brauchen wir ja kein Energiedepot mehr – ganz im Gegenteil. Dennoch greifen wir immer wieder zu Fleisch.

Das ist vielleicht ein Urinstinkt, der dazu führt, dass wir ein Energiedepot anlegen wollen. Genauso wie beim Fruchtzucker. Man wird ja gelockt durch Süßigkeiten. Hier liegt der Ursprung sicher auch in den Lebensgewohnheiten der Urmenschen. Wenn eine Urmenschenhorde auf Bäume getroffen ist, die gerade überreife Früchte trugen, dann haben die sich da drauf gestürzt und womöglich so viel gegessen, bis es ihnen übel wurde. So konnte man auch Reserven anlegen. Das ist zumindest eine Erklärung, warum wir heute manchmal kein Maß haben. Und beim Fleisch muss man sehen, dass Fett ja auch ein Geschmacksträger ist. Es reizt dazu, mehr zu essen. So hat sich der

Organismus möglicherweise dahin adaptiert, dass er den Geschmack oder Geruch wahrnimmt und versucht, so viel reinzustopfen, wie es nur geht. Was aber nicht heißt, dass wir das brauchen. Es ist nicht nötig, wenn wir dem Körper auf andere Art und Weise genügend Energie zuführen.

Woher wissen wir das alles heute überhaupt?

Nun, die Nahrung wird mit den Zähnen zerkaut und die verschiedenen Bestandteile der Nahrung hinterlassen unterschiedliche Spuren auf den Zahnoberflächen, die wir heute mikroskopisch und mit Hilfe moderner Computerverfahren sehr genau untersuchen können. Auch chemische Analysen der fossilen Zahnsubstanz helfen uns, einiges über die Diät unserer Vorfahren zu erfahren.

Wenn das Gespräch mir eines verdeutlicht hat, dann bestimmt, dass vieles in der Menschheitsgeschichte spekulativ ist oder eine Frage der Definition. Und ich möchte abschließend einen Ausdruck aus diesem Gespräch mit Dr. Kullmer hervorheben: »der opportunistische getriebene Urmensch«. Wollen wir uns wirklich mit dem vergleichen?

Und der Vollständigkeit halber will ich auch noch auf folgende Rechtfertigung der Fleischesser eingehen, die mich mehr und mehr auf die Palme bringt: dass doch auch Tiere andere Tiere essen. Dazu sei noch einmal das Buch *Vegetarisch leben* zitiert: »Gerade der Mensch ist aufgefordert, ethische und göttliche Prinzipien über eine kurzsichtige Genusssucht zu stellen. Dadurch kann er seine ›Überlegenheit‹ gegenüber dem Tier zum Ausdruck bringen und nicht, indem er es ausbeutet und schlachtet.« Auch der amerikanische Naturphilosoph Henry David Thoreau hat so gedacht: »Der Fleischverzicht gehört zum Fortschritt der Menschheit wie die Überwindung des Kannibalismus.« Im Übrigen finde ich es geradezu absurd, sich ausgerechnet beim Fressverhalten mit

Tieren auf eine Stufe zu stellen. Ganz zu schweigen davon, dass viele der Tiere, die wir essen, selbst gar keine Fleischfresser sind.

Meine Kollegin und Freundin S., Tochter einer badischen Großmetzgerfamilie, hat mir in der Vergangenheit oft von »gutem« Fleisch vorgeschwärmt. Fleisch aus dem eigenen Betrieb statt Einschweißware aus dem Supermarktregal. Seit ich nun auf den Spuren des Vegetarismus wandele, reden wir immer mal wieder über neue Erkenntnisse, meine Entdeckungen und Erfahrungen und sie liest sich auch manchen Artikel durch, den ich ihr gebe. Als wir eines Abends zusammensitzen, reagiert S. für mich sehr überraschend auf einen Bericht über den Bolzenschuss bei Rindern:

Ich habe mich immer damit getröstet, dass eine Fachmetzgerei mit den Tieren beim Tötungsakt bewusst umgeht. Darauf hat mein Vater immer Wert gelegt. Er wusste: »Ein Tier, das Angst vor der Schlachtung hat, empfindet Stress. Und das geht auf Kosten der Fleischqualität.« Aber man darf sich nichts vormachen. Ich habe immer gedacht, dass der Bolzenschuss die schönste Art des Sterbens ist – weil es schnell geht und schmerzlos ist. Jetzt, da ich weiß, zu welchen Unfällen es dabei kommen kann, habe ich verstanden, dass das alles gar nicht so einfach ist. Dabei hätte doch gerade ich es wissen müssen mit meinem familiären Hintergrund. Inzwischen denke ich: Die einzige moralisch rechte Möglichkeit, ein Tier zu essen, ist, wenn es eines natürlichen Todes gestorben ist.

Als ich fünf Jahre alt war, habe ich das erste Mal einen Tötungsakt in unserer Schlachterei mitbekommen – nur gehört, nicht gesehen, das wollte mein Vater nicht. Aber die Tiere brüllten und als ich meinen Vater fragte, warum, sagte er: »Weil die sich freuen.« Drei Jahre später habe ich beobachtet, wie die Gesellen die toten Tiere ausgebeint haben. Merkwürdigerweise habe ich keinen Ekel und keine Abscheu empfunden. Ich kann mir das nur so erklären, dass mein Vater immer gesagt hat, die Tiere bekommen vom Sterben nichts mit. Doch ich habe bis heute das Geschrei in den Ohren. Dieses Geschrei der Schweine, die montagmorgens zwischen sechs und sieben Uhr angefahren wurden, das drang hoch zu uns, bis in den fünften Stock.

Wenn ich mir überlege, was ich für meine Hündin alles mache, wie ich dieses Tier wahrnehme und auf seine Reaktionen und Emotionen achte, kann ich eigentlich nicht mehr verstehen, wie ich mich jahrelang von diesem Argument: »Durch den Bolzenschuss bekommen die Tiere nichts mit vom Sterben« habe blenden lassen. Und was ist denn mit dem Leben davor? Da habe ich mir ja auch was vorgemacht. Ich habe mir von meiner Familie erzählen lassen, dass irgendwo im Schwarzwald ein Bauernhof steht, wo das Vieh glücklich vor sich hin lebt. Natürlich gab es tatsächlich einen Bauernhof im Schwarzwald, aber die Tiere wurden mit Hormonen vollgepumpt und standen eng zusammengepfercht im Stall. Sie durften leben, weil sie sterben sollten.

S. ist zutiefst betroffen. Die Vorstellung, dass sie sich als Tochter einer Schlachter-Familie nicht genügend Gedanken über das Leid der Tiere gemacht hat, scheint sie jetzt, als erwachsene Frau, zu zermürben. Sie nimmt es sich übel, dass sie lange geglaubt hat, was man ihr als Kind erzählt hat. »Wer hätte das nicht?«, versuche ich sie zu trösten, ohne Erfolg. S. ist von ihrer Empathie eingeholt worden.

Ich frage S., wie es nach dieser Erkenntnis, dem »Aufwachen«, weitergeht, ob sie immer noch Fleisch essen kann und will. »Kein Fleisch mehr, ja, das wäre eigentlich das Richtige«, meint sie. Aber wie soll sie das mit ihrem Lebensgefährten machen? Dass S. gleich an ihn denkt, liegt nahe, wenn ich an die Statistiken denke, die zeigen, dass es unter Frauen gut doppelt so viele Vegetarier gibt als unter den Männern.

Frauen

Nicolas, inzwischen zwanzig und mit der Schule fertig, studiert in Maastricht und lebt dort in einer WG. Ich frage ihn via Skype, was er sich heute zum Abendessen macht. Er beschreibt mir seine Kreation, bestehend aus Spinat mit Kartoffelbrei und Spiegelei, ganz bodenständig. Und während er mir erzählt, wie und wovon sich die anderen Insassen seiner vierköpfigen WG im Allgemeinen ernähren, kommen wir auch auf das einzige weibliche Wesen in diesem Kreis, L., zu sprechen. L. ist strikte Vegetarierin. Aber sie isst nicht nur kein Fleisch, ich erfahre zudem, dass L. nur Bioprodukte kauft. Sie hat meinen Sohn bereits auf einen Bioladen um die Ecke aufmerksam gemacht, der anscheinend herrliches Brot anbietet – mit dem kleinen Makel, dass es steinhart ist. So hart, dass die Anschaffung eines Brotschneidegeräts in der WG zwingend notwendig wurde. Außerdem hat L. ihre Mitbewohner mit Mühe und Hartnäckigkeit dazu gebracht, Müll zu trennen und zu einer speziellen Recyclingtonne zu bringen – in den Niederlanden offensichtlich nicht so selbstverständlich wie bei uns.

Ich halte fest: Eine Vegetarierin, die nur Bioprodukte kauft und dafür sorgt, dass ihr Müll recycelt werden kann. Damit entspricht L. genau der Frau, die laut Studien zur größten Gruppe der Vegetarier zählt: junge, gebildete Frauen, die in Großstädten leben und sich um die Umwelt sorgen.

Doch es muss auch alte Frauen geben, die von der vegetarischen Lebensweise überzeugt sind. Eine ausfindig zu machen, ist aber gar nicht so einfach. Schließlich stoße ich auf Ingrid Lessenich. Sie ist 86 Jahre alt und verzichtet schon seit 1945 auf Fleisch, obwohl sie in Ostfriesland auf einem Bauernhof aufgewachsen ist. Frau Lessenich erzählt mir, dass sie umstieg, als sie ihren ersten Mann kennen lernte, einen Vegetarier:

Ich hatte bis dato noch nie von dieser Ernährungsweise gehört. Da es für mich aber immer höchster Stress gewesen war, wenn im Winter ein Schwein geschlachtet wurde, weswegen ich schon die Nacht vorher gar nicht schlafen konnte, bin ich sofort umgestiegen nach dem Motto: »Das Tier, das ich nicht töten kann, soll ich auch nicht essen!« Mein zweiter Mann hat einige Zeit nach unserer Hochzeit – aus eigenem Entschluss – dann auch auf vegetarisch umgestellt. Und wir beide fühlen uns ausgesprochen wohl dabei.

Sie leben auf »Schloss Stetten« im Taubertal, einer sehr schönen Seniorenresidenz, in der Sie auf das Essen angewiesen sind, das Ihnen zubereitet wird. Ist das problematisch, wenn man Vegetarier ist?

Hier in der Residenz »Schloss Stetten«, wo wir uns schon seit gut 14 Jahren sehr wohl fühlen, werden mittags drei Menüs angeboten, davon ein vegetarisches. Insofern haben wir hier kein Problem mit unserer Ernährungsweise. Wir »missionieren« aber grundsätzlich nicht, obgleich es gerade auch unter dem Aspekt des Naturschutzes viel zu sagen gäbe! Wenn man allein nur bedenkt, dass Unmengen von Getreide – das in anderen Erdteilen dringend für die Ernährung der dortigen Menschen benötigt würde – für die Fleisch»erzeugung« (schreckliches Wort, das sind doch Lebewesen!) verbraucht wird, müsste dies für alle Menschen ein Grund sein, ihren Fleischkonsum einzustellen. Dass sie damit dann auch noch ihrer Gesundheit einen großen Gefallen täten, steht auf einem anderen Blatt.

Wie reagieren denn die anderen Bewohner dieser Seniorenresidenz darauf, dass Sie Vegetarier sind? Unter Senioren gibt es ja nicht so viele Vegetarier wie unter jungen Leuten. Gerade für die Nachkriegsgeneration ist Fleisch ja etwas ganz Wichtiges.

Obgleich wir NIE die vegetarische Ernährung propagieren, erklären uns immer wieder Bewohner von sich aus, dass sie auch nicht viel Fleisch essen würden – vielleicht auch, weil unsere körperliche Verfassung sich sehr positiv von der der meisten Gleichaltrigen und sogar Jüngeren hier abhebt. Zudem beobachten wir in unserem »Stetten-Stüble«, wo im Gegensatz zum Speisesaal nicht serviert wird, sondern jeder sich sein Mittagessen am Buffet selbst holt, dass sich mehr und mehr ein vegetarisches Menü zusammenstellen, weil ihnen das nicht nur besser schmeckt, sondern auch besser bekommt. Und bei den großen Festessen hier an langen Tischen, wo man nur zwischen vegetarisch und Fleisch wählen kann, wird immer wieder über die Attraktivität des vegetarischen Menüs neidisch gestaunt.

66 Jahre lang vegetarisch gelebt zu haben und dabei in so guter geistiger und körperlicher Verfassung sein ... Wenn Frau Lessenich mal kein Vorbild ist. Ihre Geschichte macht Mut. Hoffentlich nicht nur mir.

Weihnachten

Jedes Jahr gibt es vor dem Weihnachtsessen bei meiner Mutter einen Kampf um die entscheidende Frage, ob wir Fleischfondue essen oder Sauerbraten oder Würstchen mit Kartoffelsalat. Diese letzte Variante, ein Versuch meiner Mutter, das Festmahl möglichst unkompliziert zu halten, garniert mit dem Verweis auf die Weihnachtsabende ihrer Kindheit, wird mit schöner Regelmäßigkeit abgeschmettert. Die Sauerbratenvariante war für uns Kinder immer die zweitbeste, zu der wir uns manchmal überreden ließen, weil meine Mutter unter einem Feuertrauma leidet und Fondue lieber meidet. Die Angst geht wohl auch auf ein Kindheitserlebnis zurück: Der Tannenbaum fing Feuer und beinahe hätte man an Heiligabend in einer abgebrannten Wohnung gesessen … Meist wird aber doch das Standard-Weihnachtsritual gerettet: Fleischfondue.

Alle, die jetzt auf nervenaufreibende Diskussionen um das richtige Weihnachtsmenü zwischen meiner fleischessenden Familie und mir warten, muss ich an dieser Stelle leider enttäuschen – zugegeben, auch zu meiner eigenen Überraschung. Auf wundersame Weise gibt es keinen Streit. In unerwarteter Eintracht segnen acht Menschen – der neunte und kleinste hat kein Mitspracherecht, er ist erst drei Jahre alt – das vegetarische Weihnachtsessen ab: ein simples, früher hätte ich gesagt: langweiliges, Raclette.

Am Vorabend des 24. streifen meine Gedanken kurz I., jene ältere Freundin der Familie, die seit mindestens 15 Jahren zusammen mit ihrem Sohn M., einem Vegetarier, Weihnachten bei uns verbringt. I. ist immer für die Appetithäppchen vor dem Essen zuständig und ihre Hors d'œuvres schmecken nicht nur köstlich, sondern sehen auch fantastisch aus: richtige kleine

Kunstwerke. Für M. bringt sie immer ein paar rein vegetarische mit. Ich frage mich gerade, ob es sich eigentlich bis zu I. herumgesprochen hat, dass ich nun auch ins Lager der Vegetarier übergetreten bin. Ich fürchte, dass es zu Verteilungskämpfen kommen könnte, wenn zwei Vegetarier sich auf die wenigen vegetarischen Häppchen stürzen. Doch für einen klärenden Anruf ist es zu spät. Am Vorabend, nach 22.00 Uhr, will ich sie deswegen nicht mehr belästigen. Ich spekuliere stattdessen darauf, dass ich allein deswegen nicht zu kurz kommen werde, weil M. traditionell unsere Weihnachtsabende mit der Kamera festhält, und gleichzeitig filmen und essen ist schwierig.

Am nächsten Tag klingelt es Punkt halb sechs und I. und M. stehen im tiefen Schnee vor der Haustür, bewaffnet mit Schüsseln und Tabletts. Den »letzten Schliff« bekommen die Häppchen immer in der Küche meiner Mutter und das dauert mindestens eine halbe Stunde. Wenn um sechs alle anderen eintrudeln, ist I. fertig und die Tabletts lachen uns an, als wären sie gerade frisch vom Partyservice geliefert worden. Als es so weit ist, gibt es eine Überraschung für mich: I. scheint fast ausschließlich vegetarische Snacks zubereitet zu haben. Nur ein paar wenige Schnittchen mit Fisch sind dabei. Ich schnappe mir eines mit einem Stück Karotte. Doch während ich darauf kaue, wird mir klar, dass ich mich getäuscht habe. Die vermeintliche Karotte erweist sich als Surimi, zusammengepresstes Krebsfleisch. Als ich das herausschmecke, verspüre ich abermals jenes neuartige Gefühl, Ekel. Ich suche eilends nach einer Serviette, denke nur ans Ausspucken. Dabei konnte ich von dem Zeug früher gar nicht genug essen – mit Bergen von Mayonnaise. Ich hatte phasenweise ganze Vorräte im Kühlschrank.

Ein Versehen, das aber folgenlos bleibt. Der Ekel ist noch nicht so ausgeprägt, dass ich auf die Toilette eilen muss. Nun nutze ich die Gelegenheit, mit M., dem Langzeitvegetarier, über die vielen Jahre zu sprechen, die er als Außenseiter bei uns und mit uns Weihnachten verbracht hat. Immer ließ er lächelnd die weihnachtlichen Fleischorgien über sich ergehen, machte gute Miene zum bösen Spiel – missioniert hat er nie. Sein Vegetariertum war nicht einmal Gesprächsthema am Tisch. Jetzt, da ich weiß, wie man umgeben von Fleischessern is(s)t, bewundere ich ihn dafür. Nun reden wir nach 15 Jahren erstmals darüber, warum und seit wann er kein Fleisch mehr isst. M. erzählt, dass er schon im Alter von vier Jahren zum Vegetarier wurde – heute ist er 43. Und das kam so:

Als Kind litt M. an einer Tierhaarallergie. Nachdem der Wunsch nach einem flauschigen Haustier unerfüllt bleiben musste, schenkte ihm die Großmutter eine gesundheitlich unbedenkliche Schildkröte. Leider bemerkte sie gleich dazu: »Die füttern wir jetzt zwei Wochen lang mit Petersilie, dann schmeckt sie gut in der Suppe.« Die Tragödie war perfekt. Der vierjährige M. saß in einer Ecke und heulte, die Großmutter in der anderen und lamentierte. Schon kurze Zeit später hielt M. seinen Eltern vor, sie seien »böse«, weil sie Tiere essen, und boykottierte von nun an den Fleischkonsum: erst kein »normales« Fleisch mehr, dann kein Hühnchen, als er älter wurde auch keine Tortengüsse mit Gelatine. Als »Exoten« betrachtete man ihn in den Achtzigern und Neunzigern, wie er mir lachend erzählt. Er erntete verständnislose Blicke seitens der Bedienungen, auf die Nachfrage, ob im Essen Fleischbrühe sei. Wenn die Freunde am Tisch darüber auch noch lachten, fühlte sich der Kellner grundsätzlich auf den Arm genommen. Irgendwann wurde ihm ausgerechnet dieser Rat gegeben: Er solle kein Drama daraus machen und einfach behaupten, er habe eine Allergie.

Besonders bemerkenswerte Erlebnisse hatte M. im dörflichen Moosbach im Schwarzwald, wo er während seiner Bundeswehrzeit stationiert war. Im sogenannten Szenelokal gab es sogar eine vegetarische Karte, auf der es Angebote gab wie: »Rühreier mit Speck« und »Würstchen mit Kartoffelsalat«. Würstchen und Speck galten für die Betreiber damals eben einfach nicht als »richtiges« Fleisch. Nachdem er einmal

Wurstsalat aufgetischt bekam und in Erinnerung rief, dass er doch Salat *ohne* Fleisch bestellt hatte, meinte die Bedienung: »Das können Sie ruhig essen, das ist kein Fleisch.«

Erst mit vierzig überlegte M., zumindest wieder Fisch zu essen. Vermutlich wäre es auch so gekommen, wäre da nicht der Ausflug ins »Sea Life Centre« in Konstanz am Bodensee gewesen. Ein Tisch im besten Fischrestaurant am Hafen war bereits für abends reserviert, als der Tag die Wende brachte. M. stand mit Freundin und Mutter am Riesenaquarium und betrachtete eine Gruppe von Rochen:

Die Rochen lagen zunächst alle am Boden des Aquariums. Doch irgendwie müssen sie auf uns aufmerksam geworden sein. Sie stiegen dann einer nach dem anderen zur Wasseroberfläche auf. Das war völlig bizarr. Irgendwann waren alle oben und haben aus dem Wasser rausgeschaut. Wir haben sie gestreichelt und dann kamen mehr und mehr. Die sind da rumgetänzelt und haben vor unseren Augen Salti geschlagen und mit uns gespielt wie junge Hündchen. Es war eigentlich verboten, sie zu streicheln. Sie hatten ja einen Stachel und Stechrochen können einem üble Schmerzen zufügen. Eine Mitarbeiterin meinte später, die seien deshalb so zahm, weil sie an Menschen gewohnt seien, aber wegen bakterieller Infektionen dürfe man sie trotzdem nicht streicheln. Für mich waren Fische vorher immer nur Lebewesen, die kein wirkliches Bewusstsein hatten. Aber nachdem sie mit mir gespielt hatten wie Haustiere, hat mir das den Appetit verschlagen. Ich konnte sie nun genauso wenig wieder essen wie Säugetiere.

Aus war es mit der Pescetarier-Karriere. Der Tisch im Fischrestaurant wurde am selben Abend abbestellt.

Die größte aller großen Versuchungen

Ich habe die Grillfeste im Sommer überstanden, Essenseinladungen bei Freunden, einen Urlaub im Wild- und Muschelparadies, Betriebsfeiern, ganze zwei Martinsgansfeiern und das Weihnachtsfest 2010. Nur eine einzige Prüfung musste ich bisher noch nicht bestehen, die größte aller großen Versuchungen, meine Leibspeise: Sauerbraten. Nur wenige Tage nach Weihnachten ist es dann so weit. Der Braten lauert in der unteren Etage, in der Wohnung meiner Mutter. Seit zwei Tagen zieht der Duft durchs Haus und ich habe die Wohnung meiner Mutter bewusst gemieden. Heute begebe ich mich dann doch in die Höhle der Kochlöwin. Ich hebe den Topfdeckel kurz an und inhaliere tief. Man muss sich auch schwierigen Situationen aussetzen, nur das macht hart im Kampf gegen Gelüste, sage ich mir. Ich werde weit zurückgeworfen und überlege, ob ich vielleicht ein wenig Sauce essen darf, nur ein ganz klein wenig über Vaters legendäre Kartoffelknödel. Es ist eine heikle Situation, ich bin verdammt nah dran, schwach zu werden. Näher als seit vielen Monaten. Rettung kommt in Form eines Freundes, der helfen will, eine Lampe aufzuhängen. Er soll nicht Zeuge eines schwachen Willens werden! Entsetzlich die Vorstellung, rückfällig zu werden wie ein Exraucher, der sich nach draußen stiehlt, um heimlich eine Zigarette zu genießen, und später wieder reinkommt, als wäre nichts gewesen, obwohl jeder die Wahrheit riechen kann. Peinlich ist das. Und so landet der Deckel ganz schnell wieder auf dem Topf.

Während der Besuch sich um die Lampe kümmert, eile ich nach oben und suche nach einem Sauerbratenersatz in meiner

Küche. Spaghetti mit Tomatensauce müssen her, mein zweites Leibgericht. Und es muss schnell gehen. Also nehme ich ausnahmsweise eine Fertigsauce: eine Tofu-Bolognaise. Sie schmeckt ganz sicher nicht überwältigend, doch ich habe eine Möglichkeit gefunden, ihr sogar noch eine Idee Sauerbratengeschmack zu verpassen: ein paar Löffel Sauerrahm, eine Prise Garam Masala, ein wenig Butter. Es hilft, aber richtig froh bin ich wohl trotz allem erst, wenn der Topf unten leer und die Luft wieder rein ist.

Schweinische Vorbereitungen
für Silvester

Wegen Silvester habe ich mir hinsichtlich meines Vegetarier-daseins keine Sorgen gemacht. Es schien ungefährlich – Silvester ist nicht mit Erinnerungen an tolle Fleischgerichte verknüpft. Als ein Freund, K., mich am Vorabend seiner Silvester-Party fragt, ob ich nicht vorbeikommen möchte, um ein wenig über das Leben zu plaudern und schon einen Schluck Sekt vorab zu trinken, finde ich das eine hervorragende Idee. Ich stapfe durch den tiefen Schnee und freue mich auf einen gemütlichen Abend. Kaum in seiner Küche angekommen, regen sich Zweifel an der erhofften Gemütlichkeit. Aus einer riesigen Waschwanne aus blauem Plastik riecht es gewöhnungsbedürftig. Sie ist randvoll mit rohem Hackfleisch – Schweine- und Rinderhack –, das gerade von K., der mit aufgeschoppten Hemdsärmeln bis zum Ellenbogen in der Wanne hängt, geknetet wird. Ich lehne mich trotzdem entspannt zurück und schäle gute drei Kilo Karotten. Die wird es morgen geben, neben spanischen Kartoffeln und den gerade entstehenden Frikadellen. Diesmal gibt es keine Versuchung, diesmal bin ich ganz gelassen, denn das Bild, das sich mir hier bietet, ist Abschreckung genug.

Bald bin ich mitten in einer Diskussion mit K. Normalerweise meide ich ja das Thema »was-spricht-eigentlich-gegen-das-Essen-von-Fleisch«, so gut ich kann, doch diesmal lasse ich mich ausnahmsweise darauf ein. Ich versuche K. zu packen, indem ich ihm seine kleine Hündin Lucy vor Augen führe und ihn frage, wie er es fände, wenn man sie essen würde. Zugegeben, ein bisschen plump. Wie zu erwarten fände

K. es nicht so schön, wenn man Lucy essen würde, und ich frage ihn prompt, was er denn nun für einen Unterschied zwischen Lucy und einem Schwein sieht, natürlich nicht, ohne zu erwähnen, dass Schweine sehr intelligent sind, mindestens so intelligent wie Lucy. Nachdem er keinen wirklichen Unterschied zwischen Lucy und dem »Nutztier« findet, bringe ich noch ein paar andere Argumente auf den Tisch, die er sich durchaus wohlwollend anhört, bis uns ein unangenehmer Geruch in die Nase steigt: verbranntes Fleisch. Eine ganze Ladung seiner Frikadellen ist dank unserer Diskussion in Vergessenheit geraten und in der Pfanne verbrannt. Er nimmt es zwar gelassen, aber die Unterhaltung ist an der Stelle beendet.

Das perfekte Dinner

Heute ist es so weit: Nach monatelangen Trockenübungen und Tests vegetarischer Gerichte aus diversen Kochbüchern kommt die bisher größte aller Herausforderungen: sechs Bekannte sind zum Essen eingeladen, darunter Ärzte und Banker. Menschen also, die gewohnt sind, gut zu essen. Es ist ein gewaltiger Unterschied, ob man für gute Freunde mit einer hohen Toleranzschwelle kocht oder für Leute, mit denen man nicht so vertraut ist. Und dann auch noch vegetarisch – ohne Vorankündigung. Mein Freund, der die Einladung ausgesprochen hat und in dessen Wohnung das Essen stattfindet, hat mir zuliebe ein vegetarisches Fünfgängemenü geplant. Die Küche sieht schon am Nachmittag aus wie ein Schlachtfeld. Er hat schon am Tag zuvor eingelegt und eingekocht, geschnipselt und püriert. Da es viel zu wenig Abstellfläche gibt, kommen größere Töpfe und Pfannen kurzerhand auf den Boden.

Geplant ist eine Orangen-Tomaten-Suppe[21], gefolgt von einem Birnen-Schafskäse-Salat[22], danach ein Hauptgericht: Tofu Mirsang mit Spinat[23]. Als Nachtisch »Süßes Schneeweißchen«[24]. Clou dabei ist, dass eine flüssige Masse aus Joghurt und Sahne über Nacht zu einem formschönen Halbkreis geformt wird, indem man die Masse in ein Küchensieb gibt und die Flüssigkeit abtropfen lässt. Gelatine überflüssig. Als Abgang gibt es noch Käse.

Nachdem die Orangen-Tomaten-Suppe mehrfach gelobt wird, beschließen wir, den Gästen zu sagen: Es wird an diesem Abend kein Fleisch geben. Ein prüfender Blick in die Gesichter der Anwesenden verrät nicht viel. Schwer zu sagen, ob der eine oder andere an dieser Stelle enttäuscht ist. »Ach, wegen des Dioxinskandals?«, fragt dann einer der Gäste. Und schon haben wir unser erstes Tischgespräch. Nach BSE und Gammelfleisch jetzt Dioxin – mich hat das diesmal relativ kaltgelassen. Es hat mich nicht mehr überrascht, dass so etwas passiert. Skrupellose Geschäftemacher gibt es schließlich überall und wir Verbraucher tun das Übrige, weil immer alles günstig sein soll. Zwar sagt jetzt jemand aus der Runde: »Du kannst dich ja beruhigt zurücklehnen«, als er erfährt, dass ich seit einiger Zeit vegetarisch lebe, aber ganz so ist es nicht: Schließlich wäre es denkbar, dass ich auf dioxinverseuchte Milch oder Eier gestoßen bin. Sosehr ich mich bemühe, ausschließlich Bio-Eier zu kaufen – manchmal muss es schnell gehen und da, wo man gerade ist, gibt es dann keine.

Auch bei Kuhmilch versuche ich biologisch erzeugte zu kaufen – wenn überhaupt. Meist wandern inzwischen Soja- oder Hafermilch in meinen Einkaufskorb. Sogar den morgendlichen »Riesen-Milchkaffee« mache ich gerne mit aufgeschäumter Sojamilch. Dennoch kommt man an Kuhmilch und Eiern kaum vorbei – sie werden schließlich in zu vielen Lebensmitteln verarbeitet. Insofern kann jeder, der nicht konsequenter Veganer ist, sein »Dioxin-Fett« abgekriegt haben. Und da dieses Thema Anfang 2011 rauf und runter diskutiert wurde, möchte ich mich jetzt damit begnügen zu erwähnen, dass es auch an diesem Abend nicht zu kurz kommt, gepaart mit vielen anderen Aspekten einer ungesunden Ernährungsweise. Speziell gegen die »länger haltbare« ESL-Milch hat die Heilpraktikerin am Tisch große Einwände, aber allgemein auch wegen der vielen Hormone und Antibiotika, die grundsätzlich in Milch enthalten sind.

Dann muss ich mich aus den Gesprächen ausklinken, um den Gang Nummer zwei zuzubereiten. Im Küchenchaos ist es schwer, Platz für acht Teller zu finden. Auf denen soll Rucolasalat mit warmen Birnen, Schafskäse und Parmesan angerichtet werden. Ich hole mir das Bügelbrett zu Hilfe, breite ein großes weißes Handtuch darauf aus und stelle die Teller versetzt darauf auf, denn die Aktion mit dem Salat ist gar nicht so einfach. Nach vielen Monaten vegetarischer Kochexperimente glaube ich heute sagen zu können, worauf es ankommt: die Kombination vieler Geschmacksrichtungen. Ein Hauch süß, ein Hauch sauer und ein Hauch salzig – am besten alles gleichzeitig – ist immer interessant. Exotische Gewürze, mit denen man natürlich umgehen können muss, machen das Essen spannend. Früchte mit Gemüse kombiniert, Mus und halb Angegartes – es ist ein Spiel der Gegensätze, das die Geschmacksknospen begeistert. Mit Obst und Gemüse kochen weckt in mir auch schöne Kindheitserinnerungen – als Mädchen fand ich es herrlich, mit Gras, Blättern, Beeren und Eicheln aus dem Wald »Kochen« zu spielen.

Was mich am Ende unseres ersten großen vegetarischen Dinners erfreut, ist das Fazit eines Gasts: »Bei so einem Essen lasse ich jedes Fleisch stehen.« Zwar möchte ein anderer das doch ein wenig relativieren und meint, ganz so würde er das nicht sagen, aber dennoch: Auch ihm habe an diesem Abend kein Fleisch gefehlt. Damit kann ich gut leben. Und freue mich schon auf das nächste Abendessen.

Veränderung bis ins Blut?

Heute habe ich einen Termin bei meiner Hausärztin. Jetzt will ich sehen, ob sich durch meine Ernährungsumstellung auch die Blutwerte verändert haben. Vor fast einem Jahr, am Ende meiner Zeit als Fleischesserin, waren die Werte verhältnismäßig gut. Könnten sie jetzt vielleicht hervorragend sein? Zwar habe ich mein Experiment nicht aus gesundheitlichen Gründen gemacht, aber natürlich bin ich neugierig, ob sich nebenbei auch positive Effekte im Blut zeigen. Ich sitze auf einem Stuhl meiner Ärztin gegenüber, die mich fragt, wie es mir seit der letzten Untersuchung ergangen ist. »Gut«, sage ich, »ich fühle mich sehr wohl.« Sie nickt und meint, sie hätte auf den ersten Blick auch nicht den Eindruck, dass mir was fehlt. Wie ich mich denn ernähre, will sie wissen. Ausgerechnet am Vortag, ein verregneter, ungemütlich kalter Sonntag, habe ich heftigst gesündigt: Pralinen mit Kirschwasser in größeren Mengen und morgens ein aus zwei Eiern bestehendes Rührei. Nicht, dass ich mir das verboten hätte, aber ich hatte den Dioxinskandal zum Anlass genommen, meinen Eierkonsum deutlich zu reduzieren. Genauer gesagt, habe ich seit zwei Monaten keine mehr gekauft. Ob das mit dem Rührei etwas ausmacht, frage ich meine Ärztin. So viele Monate Disziplin und gesundes Essen und dann die Blutuntersuchung nach dem einzigen Fauxpas weit und breit? Sie hält es tatsächlich für sinnvoll, die Untersuchung unter diesen Umständen zu verschieben, da sie sonst kein realistisches Bild bringen würde. Also gehe ich unverrichteter Dinge wieder nach Hause.

Als ich nachmittags eine Sprachaufnahme für die ARTE-Sendung »Philosophie« in einem Tonstudio habe, erlebe ich etwas Verblüffendes. Immer wieder sind mir während des vergangenen Jahres drei Worte im Kopf herumgespukt, eine Art Gedankenkette, die aus dem Nichts entstanden ist: Reflexion, Reduktion, Religion. (Letzteres im Sinne einer spirituellen Dimension: dem Gedanken nämlich, dass Mensch und Tier zu einem großen Ganzen gehören.) Diese drei Worte haben sich im Laufe meiner Selbsterfahrung zu meinem persönlichen »3-R-Prinzip« entwickelt, zu einer Art Leitfaden, nicht nur, was die vegetarische Lebensweise betrifft. Weniger ist mehr, in jeder Hinsicht. Weniger Fleisch, weniger Konsum, weniger Materialismus, weniger Gier – ich könnte die Assoziationskette beliebig fortsetzen. Und nun bin ich überrascht zu erfahren, dass es bereits ein »3-R-Prinzip« gibt, das sogar mit Tieren zu tun hat. In der Philosophie-Sendung geht es um den Umgang von uns Menschen mit Tieren. Die Philosophin Elizabeth de Fontenay erzählt von dem »3-R-Prinzip« bei Tierversuchen. 1959 haben die britischen Wissenschaftler Russel und Burch drei Grundsätze herausgearbeitet: erstens der vollständige Ersatz eines Experiments (*Replacement*), zweitens die Verwendung einer geringeren Anzahl von Tieren als im ursprünglichen Versuch (*Reduction*) und drittens die Anwendung verfeinerter Methoden zur Leidensverminderung der Tiere (*Refinement*). Weltweit haben Wissenschaftler der Forderung des »3-R-Prinzips« damals zugestimmt. Es ist ein anderes »3-R-Prinzip« als meines, aber die Auswirkungen bei konsequenter Anwendung sind ähnlich: nach Möglichkeit weniger Leid für die Tiere.

Wieder bin ich bei meiner Hausärztin. Heute soll endlich mein Blut getestet werden. »Wir machen ja immer diese Abschätzung des kardiovaskulären Risikos«, erklärt sie mir zunächst. Gleich werde ich die mit Spannung erwarteten Ergebnisse meiner Blutuntersuchung bekommen, die inzwischen ohne Pralinen und Rührei im Körper stattgefunden hat. »Das (gute) HDL- wird zum (schlechten) LDL-Cholesterin ins Verhältnis gesetzt«, führt sie weiter aus und ich schreibe eifrig mit, damit mir keine der wichtigen Zahlen entgeht. Sie werden darüber entscheiden, ob es durch meine vegetarische Ernährungsweise messbare physische Effekte gibt. »Der Quotient war bei Ihnen das letzte Mal 1,4. Dazu muss man wissen: Er ist grundsätzlich dann günstig, wenn er unter 3 liegt. Das heißt, der Quotient war vor einem Jahr schon ziemlich gut. Jetzt hat er sich weiter verbessert auf 1,1. Das Risiko einer Herz-Kreislauf-Erkrankung ist aufgrund dieser Blutfettwerte also noch geringer geworden.« In Zahlen: Das schlechte Cholesterin lag bei 146 und ist auf 123 abgefallen, das gute Cholesterin hat sich von 102 auf 110 verbessert. Das ist schon mal sehr erfreulich! Zuckerwerte sind weiterhin unauffällig. Mineralstoffwerte wie Kalzium und Kalium liegen im Normbereich. Und mit großen Schritten nähern wir uns den beiden für Vegetarier spannendsten Werten: Eisen und B_{12}. In der Vergangenheit hatte ich häufig einen Eisenmangel, der auch dazu führte, dass ich bei meinen gelegentlichen Blutspenden kürzertreten musste. Doch die Betrachtung meines jetzigen Eisenhaushalts zeigt: Entwarnung. Ich liege mit dem Wert von 13,1 Hb absolut im gesunden Bereich. Das freut mich, denn gerade dieses ist ja immer ein beliebtes Argument gegen Vegetariertum: »Ich würde das ja auch machen, aber das Eisen …«

Jetzt fehlt nur noch das viel beschworene Vitamin B_{12}. »Grundsätzlich ist der Normwert zwischen 211 und 911«, erläutert meine Ärztin. Tief durchatmen, denn was, wenn ausgerechnet jetzt noch ein unschönes Ergebnis zutage kommt? Was, wenn die wunderbare Theorie des Brottrunks mit Fermentgetreide in der Praxis keine Wirkung zeigt? »Mit 428 Nanogramm pro Liter liegen Sie bei B_{12} in der gesunden Mitte, da ist keinerlei Mangel zu verzeichnen.« Wenn das keine guten Nachrichten sind! »Zusammenfassend«, meint meine Ärztin, während ich mich freue wie eine Schneekönigin, »hat sich die Ernährungsumstellung bei Ihnen sehr positiv ausgewirkt.«

Es ist wie nach der Notenverkündigung beim Abitur. Erleichterung macht sich breit.

Abschließend werde ich gefragt, was ich heute Morgen gegessen habe. Schluck! Diese Frage ist nun unangenehm. Umso mehr, als wir schon halb elf haben. Ich habe den düsteren Verdacht, dass ihr meine Antwort nicht gefallen wird. »Nun ja ... also eigentlich ... nichts. Ich trinke morgens nur einen Soja- oder Mandel-Milchkaffee«, antworte ich wahrheitsgemäß. Ich sehe ihr an, dass sie das tatsächlich nicht gutheißt, und bereite mich auf eine kleine Moralpredigt vor, setze gerade an zu erwähnen, dass später, im Laufe des späteren Vormittags, eine Buttermilch und Obst auf den Milchkaffee folgen (ganz abgesehen von dem täglichen Glas Brottrunk, nach dem ich inzwischen geradezu süchtig bin), als sie mich unterbricht: »Offensichtlich ist es für Sie so das Richtige. Letztlich kann man nichts hundertprozentig Richtiges über Ernährung sagen. Was man sicher weiß, ist, dass Vitamintabletten nichts bringen. Und: Fünfmal am Tag Obst und Gemüse und viel Bewegung sind gut, daran gibt es keinen Zweifel. Bei allen anderen Erkenntnissen kann man zusehen, wie sie sich alle fünf Minuten ändern.«

Viel zu viele Experten haben viel zu viele Meinungen – nach fast zehn Jahren Moderation von *Planet Wissen* ist das auch meine Erfahrung beim Thema Ernährung und Gesundheit. Wir müssen lernen, wieder auf unseren Körper zu hören.

Frühling – Oder: Der Wandel

Ich glaube, jetzt steht die schönste Zeit für Vegetarier vor der Tür – Frühling und Sommer sind die Jahreszeiten, in denen man eher weniger isst und den Winterspeck loswerden möchte. Bei mir gibt es erstmals nichts abzuspecken, denn ich habe schon in den vergangenen Monaten Pfunde verloren. Schleichend, aber stetig und wie es scheint nachhaltig: im Ganzen inzwischen immerhin vier Kilo. Exakt die Pfunde, die ich schon länger loswerden wollte. Und das Ganze ohne Frust und Qualen. Im Gegenteil – alles macht mir ein bisschen mehr Freude, kostet mich weniger Überwindung. Und ich bin auch stolz, dass ich durchgehalten habe. Das Vegetarierdasein ist für mich ein Erfolgserlebnis mit Folgen, die mich selbst überraschen: Sport fällt mir mittlerweile so leicht wie nie zuvor und ich esse auch noch gesund. Keine Frage, der Frühling kann kommen, ich bin bereit.

Nach dem Motto »weniger ist mehr« entrümple ich meinen Kleiderschrank. Was für das Essen gilt, habe ich längst auch auf andere Lebensbereiche übertragen. Es steht kein Schnickschnack mehr in meiner Wohnung herum, alles ist übersichtlich. Nur die Dinge, die mir wirklich am Herzen liegen, dürfen bleiben. Als ein stil- und designtechnisch gut orientierter Architektenfreund mal monierte, was bei mir so alles herumsteht, sagte ich: »Das habe ich alles geschenkt bekommen … Das ist von meiner Freundin L., dieses von R., das von meinem Bruder, jenes von meiner Patentante usw. – was soll ich denn machen, wenn Leute mir das schenken, obwohl es gar nicht meinen Vorstellungen entspricht?« Der Freund meinte: »Die Leute schenken dir immer mehr davon, weil sie denken, genau das magst du.« Da war was dran.

Auch von den geschätzten 50 Tuben und Fläschchen im Bad, von denen ich sowieso nie etwas benutze, habe ich mich getrennt, ebenso von längst eingetrockneten Schminksachen und von 10 Paar Schuhen, die schon beim Kauf unbequem waren, aber trotzdem seit Jahren in irgendwelchen Ecken standen und Platz wegnahmen. Weniger ist mehr – diese Lebensdevise hat offensichtlich mein konsequenter Verzicht auf Fleisch und die Auseinandersetzung mit der Frage, was wirklich wichtig ist im Leben, ausgelöst. Während es mir ursprünglich »nur« um das Experiment ging, vegetarisch zu leben, sieht jetzt nicht nur ein Teil, sondern mein ganzes Leben anders aus. Ich bin bewusster mit mir und anderen. Während ich früher etliche Pflanzen in der Wohnung hatte, um die ich mich nur mit mäßigem Erfolg kümmerte, habe ich jetzt nur noch fünf, die mir aber dafür sehr am Herzen liegen: zwei Orangenbäumchen, die Nicolas als Kind selbst aus Kernen gezogen hat, und drei kleine Kakteen, eine davon ist älter als mein Sohn heute: 21. Die Auseinandersetzung mit ethischen Fragen brachte für mich eine Abkehr vom ewigen »haben« und nicht »nicht loslassen wollen« – von der Gier, die uns alle antreibt.

Mit großem Vergnügen sammle ich Artikel über einen Zeitgeist, der mir das Gefühl gibt, ich bin mit meiner neuen Einstellung des Verzichts nicht allein. So zum Beispiel ein Artikel über den »Kult des Wenigen«[25]. Geschildert wird das Leben des 23-jährigen Programmierers Kelly Sutton aus New York, das in zwei Kisten passen würde – abgesehen von seinem Laptop, auf dem alles für ihn Wichtige gespeichert ist, einem Tisch, zwei Stühlen und einem Bett. Er ist ein moderner Minimalist. Und derer gibt es immer mehr. Menschen, die den Überblick nicht verlieren und nicht mehr als 100 Dinge ihr Eigen nennen wollen – was wirklich wenig ist, wenn wir mal zählen, was zum Beispiel allein in einer Küche vorzufinden ist. Kulturwissenschaftler haben herausgefunden, dass der Durchschnittsdeutsche 8000 Dinge besitzt. Kelly Sutton würde die »100

Things Challenge« jedenfalls gerne als weltweite Volksbewegung sehen, die alle Mitmacher durch das Entdecken neuer »mentaler und spiritueller Ressourcen« entlohnen würde.

Unter der Rubrik »Trendig« finde ich eine Meldung der deutschen Presseagentur, die von einem interessanten Experiment berichtet. Wieder spielt es in New York. Eine Frau, die einen Monat lang nur sechs Kleidungsstücke in unterschiedlichen Kombinationen anzog. Es ist eine Art »Shopping-Diät«. Und auch diese Nachricht, diesmal aus Großbritannien, gefällt mir: Das 45-jährige Model Kristen McMenamy sorgte unlängst für Furore, weil sie für die *Vogue* mit langen grauen Haaren posierte. Es gibt Anzeichen, dass graue Haare bei Frauen jeden Alters zum Massentrend werden könnten, heißt es. Auch hier steht im Hintergrund in großen Buchstaben: Verzicht.

Es will wohl keiner zum Verzicht auf etwas gezwungen werden. Dass ich mich freiwillig entschieden habe, macht es mir leichter. Viel schwerer wiegt für mich aber die Erkenntnis, dass ich mich dadurch autark fühle. Jedenfalls deutlich mehr als früher. Ich entscheide selbst, kein Vertrag bindet mich, kein Vertrag schreibt mir Verhaltensweisen vor – ich bin einen Vertrag mit mir selbst eingegangen. Verzicht ist in einer Welt des Überflusses wohl die einzig wirklich autarke Entscheidung, die wir treffen können.

Ich fühle mich stärker und vor allem freier. Spätestens jetzt fragt sich wohl manch einer zu Recht: Was hat das alles mit vegetarischer Lebensweise zu tun? Ebendas: Dies sind die psychischen Entwicklungen, die der Fleischverzicht in mir ausgelöst hat. Warum, weiß ich nicht und auch nicht, ob das zwangsläufig so geschieht, wenn jemand Vegetarier wird. Tatsache ist, dass Natur und Tierschutz an sich viel mit Bescheidenheit zu tun haben. Demut, Dankbarkeit und Aufgeschlossenheit sind Worte, die mir in diesem Kontext einfallen. Und Kafkas »geistige Leichtigkeit« erscheint mir wie ein Geist, der sich dankenswerterweise breit gemacht und auch andere Bereiche eingenommen hat. Keine Veränderung – mag sie auch noch so klein sein – bleibt ohne Folgen. Als würde man an einem einzigen Schräubchen drehen und siehe da – auch andere Funktionsbereiche einer Maschine arbeiten anders. Am Anfang dachte auch ich, es ginge einzig und allein nur um das fleischlose Essen, den Prozess der Überwindung. Jetzt weiß ich: Es geht um viel mehr.

Um eine andere Einstellung zu mir selbst und anderen. Und um ein besseres Lebensgefühl, das ich so nicht erwartet habe. Regelmäßig werde ich gefragt: »Bleibst du Vegetarierin?« Meine aktuelle Antwort lautet: »Ich weiß es nicht.« Ich möchte es, der Wille ist da. Aber ich weiß genau, ich darf keine Ausnahme machen. Sieben Jahre lang hatte ich einen Vertrag mit mir: maximal zwei Zigaretten am Tag, keinesfalls drei. Es gab tatsächlich nie eine Ausnahme, und irgendwann habe ich es dann ganz gelassen. Beim Fleisch macht aber nur ganz oder gar nicht Sinn. Würde ich wieder hier und da ein bisschen essen, müsste ich den Kopf wieder in den Sand stecken. Es wäre nicht gut. Ich will es also weiter fleischlos versuchen. Mir zuliebe.

Danksagung

Ich danke meinem Verleger, der die Idee zu diesem Buch spontan unterstützt hat, meiner Lektorin für die angenehme Zusammenarbeit, sowie all meinen Gesprächspartnern, die mich mit wertvollen Informationen versorgt haben. Außerdem Annette Cremer und Dr. med. Susanne Lorey-Ammann, die mich gesundheitlich beraten und betreut haben, meinen Freunden Benedikt, Sabine und Stefanie, die in vielen Unterhaltungen interessante Gedankenanregungen lieferten, und meinem Lebensgefährten Jürgen, der mich ein Jahr lang nicht in Versuchung geführt, sondern sich stattdessen zum hervorragenden vegetarischen Koch entwickelt hat.

Anmerkungen

1 Laut einer Studie des Bayerischen Staatsministeriums für Umwelt und Gesundheit werden »bei der Produktion von einem Kilo Käse von der Milchkanne bis zum Ladenregal 8350 Gramm CO_2-Äquivalente freigesetzt« (vgl. *Stern* 4/2011) – fast sieben Mal mehr als bei der »Herstellung« von Geflügelfleisch.

2 Vgl.: http://www.verbraucherzentrale-niedersachsen.de/UNIQ1304 06459509061/link393711A.html

3 Vgl.: Precht, S. 209

4 Vgl.: *Stern* (4/2011)

5 Vgl.: UGB/Monika Setzwein.http://www.ugb.de/e_n_1_140759_n_n_ n_n_n_n_n.html

6 Vgl.: Studie der Welternährungsorganisation FAO vom November 2006

7 Vgl.: http://www.foodwatch.de/foodwatch/content/e10/e17197/e1 7201/e17219/foodwatch-Report_Klimaretter-Bio_20080825_ ger.pdf

8 Vgl.: http://www.lfu.bayern.de/energie/co2_rechner/index.htm

9 Vgl.: www.ernaehrungsumschau.de

10 Vgl.: Bundesverband der Deutschen Fleischwarenindustrie

11 Vgl.: http://www.zeit.de/1997/36/fleisch.txt.19970829.xml

12 Vgl.: *Stern* (47/2010)

13 Deutscher Titel: *Der siebte Sinn der Tiere*

14 *Planet Wissen* zum Thema »Erdbeben«

15 Vgl.: http://www.vegetarisch-grillen.de/rezepte.html

16 Vgl.: http://www.bvdf.de/wurst_fleischwaren_abc/ernaehrungsphy-siologie/gruppe_allgemeines/allgemeines/

17 Studie im Auftrag des Bundesministeriums für Ernährung, Landwirtschaft und Verbraucherschutz. Vgl. http://www.was-esse-ich.de

18 http://vegetarier-sind-moerder.de/related

19 Aus der abschließenden Pressemitteilung aus dem Jahr 2005.

20 Vgl. *Der Spiegel* (2/2000)

21 Zu finden in Hiltl, 2009

22 Zu finden in Kime, 2006. Achtung! Dies ist kein rein vegetarisches Kochbuch.

23 Zu finden in Hiltl, 2009
24 Nach einem Rezept aus der *Badischen Zeitung* von Hans Albert Stechl
25 *Badisches Tagblatt* im Dezember 2010: »Zu viel Ballast? Der Kult des Wenigen«

Gesprächspartner

Prof. Dr. Carel van Schaik: Anthropologe, Direktor des Anthropologischen Instituts der Universität Zürich.

Prof. Dr. Joachim Bauer: Neurobiologe, Psychiater, Internist und Facharzt für Psychotherapeutische Medizin am Universitätsklinikum Freiburg.

Richard David Precht: Philosoph und Autor.

Prof. Dr. Rüdiger Glaser: Geograf, Institut für physische Geografie der Uni Freiburg.

Professor Dr. Kretzschmar: Neuropathologe, Direktor des Zentrums für Neuropathologie und Prionforschung der Ludwig-Maximilians-Universität München.

Professor Hans Hinrichs Sambraus: Tierarzt und Zoologe. Er lehrte Tierhaltung und Verhaltenskunde an der Technischen Universität München und ist Mitbegründer der »Gesellschaft zur Erhaltung alter und gefährdeter Haustierrassen e.V.«

Christel Simantke: studierte Landwirtin, berät für BAT (Beratung artgerechte Tierhaltung e.V.) bundesweit Landwirte zur artgerechten Haltung von Nutztieren.

Prof. Dr. Kurt Kotrschal: Leiter der Konrad-Lorenz-Forschungsstelle für Ethologie in Grünau/Oberösterreich und Professor am Department für Verhaltensbiologie der Universität Wien.

Wolfgang Heck: Gesellschafter und Geschäftsführer der »Life Food GmbH«.

Annette Cremer: Fachapothekerin für Ernährung, Homöopathie und Naturheilverfahren.

Jürgen Pfeifer: Vorsitzender und Geschäftsführer Bundesverband Neurodermitiserkrankter in Deutschland e.V.

Prof. Dr. Monika Krüger: Leiterin Institut für Bakteriologie und Mykologie an der Universität Leipzig.

Mark Benecke: Kriminalbiologe und Forensiker.

Elisabeth Bonneau: Kommunikationstrainerin und Autorin.

Prof. Dr. Gerald Hüther: Leiter der Abt. für neurobiologische Grundlagenforschung an der Psychiatrischen Klinik der Universität Göttingen. Forschungsschwerpunkte betreffen u.a. die Auswirkungen, die Angst, Stress, psychische Abhängigkeiten und Ernährung auf das Gehirn nehmen.

Pfarrer Michael Broch.

Dr. Ottmar Kullmer: Paläoanthropologe, Senckenbergmuseum Frankfurt.

Ingrid Lessenich: Vegetarierin seit 66 Jahren.

Literaturverzeichnis

Abel, Wolfgang; Salamander, Jacky. *Tessin und Lago Maggiore.* Badenweiler 2005.

Deepak, Chopra. *Die heilende Kraft.* Köln 2001.

Keller, Markus; Leitzmann, Claus. *Vegetarische Ernährung.* Stuttgart 2010.

Leitzmann, Claus. *Vegetarismus – Grundlagen, Vorteile, Risiken.* München 2009.

Meindertsma, Christien. *Pig 05049.* Rotterdam 2007.

Precht, Richard David. *Wer bin ich und wenn ja, wie viele?* München 2007.

Risi, Arnold; Zürrer, Ronald. *Vegetarisch leben. Die Notwendigkeit fleischloser Ernährung.* Altenburg a. H. 1999.

Sheldrake, Rupert. *Der siebte Sinn der Tiere.* Frankfurt a.M. 2001.

Hiltl, Rolf. *Hiltl. Vegetarisch. Die Welt zu Gast.* Zürich 2009.

Kime, Tom. *sweet + spicy: Tom Kimes Aromaküche.* München 2006.